Die Flut

Die Flut

Die Hochwasserkatastrophe im August 2002. Eine Dokumentation.

Chemnitzer Verlag

Herausgegeben von Ulf Dahl, Johannes Fischer,
Eva Prase, Dagmar Ruscheinsky, Dieter Soika
und Mario Ulbrich

4. Auflage, September 2002

Gestaltung: Dieter Kannegießer
Herstellung: Matthias Zwarg
Chemnitzer Verlag und Druck GmbH
Gesamtherstellung:
Westermann Druck Zwickau GmbH

ISBN 3-928678-89-2

Vorwort

Bis auf 8,77 Meter stieg das Wasser der Elbe an. Seit jenem Tag im Jahre 1845 sprachen die Menschen voller Respekt und Furcht von der „Sächsischen Sintflut".

Doch selbst diese historische Höchstmarke hat nun keinen Bestand mehr. Das Hochwasser, das im August 2002 Sachsen heimgesucht hat, übersteigt alle bisherigen Rekordpegel und es sprengt auch alle unsere Vorstellungen davon, was Naturgewalten in Mitteleuropa anrichten können.

Ist diese große Flut ein einzelnes, beispielloses Jahrtausendereignis oder kündigen sich mit ihr unabsehbare Veränderungen des Klimas und damit unseres ganzen Lebens an?

Die Flut-Tragödie hat vielen Menschen das Leben und die Gesundheit gekostet. Tausende Existenzen sind vernichtet, die Aufbauleistung der vergangenen zwölf Jahre wurde in weiten Teilen unseres Landes zerstört.

Neben der Landeshauptstadt Dresden sind vor allem die Städte und Dörfer im Erzgebirge und in den Tälern und Flussauen der Mulde, Zschopau und Flöha betroffen. Nach tagelangen Regenfällen, mit den höchsten jemals in Deutschland gemessenen Niederschlägen, rasten Flutwellen von drei und vier Metern Höhe zu Tal. Sie schlugen eine Schneise der Zerstörungen, rissen Häuser, Brücken und Straßen mit und setzten ganze Innenstädte unter Wasser.

Die Schäden werden sich zu Milliarden-Beträgen summieren und es wird Jahre dauern, bis Sachsen wieder dort angekommen ist, wo das Land vor dem 13. August 2002 bereits gewesen war. Trotz der vielen schrecklichen Ereignisse machten die Menschen im Katastrophengebiet aber auch eine beglückende Erfahrung: Ein ungeheures Maß an Solidarität zeigte sich. Ein Lichtblick, der Mut macht.

Die Berichte und Bilder, die wir Journalisten in diesen Tagen schreiben und fotografieren mussten, informieren aber nicht nur über eine Katastrophe, sondern sie haben auch eine Welle der Hilfsbereitschaft ausgelöst. In Sachsen und darüber hinaus.

Die vorliegende Chronik der Ereignisse dokumentiert die große Flut, ihr Entstehen und ihre verheerenden Wirkungen. Damit macht dieses Buch für jeden Leser deutlich, wie viel Hilfe, Tatkraft und Engagement für lange Zeit notwendig sein werden.

Wir danken allen Reportern, Fotografen und Nachrichtenagenturen, die mit ihrer journalistischen Arbeit diese Dokumentation möglich gemacht haben. Der Erlös soll unser bescheidener Beitrag zu einem großen nationalen Aufbauwerk sein.

Dieter Soika
Chefredakteur Freie Presse

Inhaltsverzeichnis

Die Vorboten

Deutschland unter Tiefdruck

Ein Sommer wird zum Albtraum

Hagel, Partys und Wasserfußball

Eisbrocken im Sommer. Am 1. August, mittags gegen 13 Uhr, gehen Hagelschauer in Neudorf am Fuße des Fichtelberges nieder. Auf die Hagelbrocken, die selbst nachmittags um 16 Uhr noch nicht geschmolzen sind, folgen ein Wolkenbruch und dann eine Flutwelle aus dem Wald. Anwohner versuchen, das Wasser umzuleiten, was ihnen zum Teil gelingt. Doch woher kommt plötzlich soviel Wasser, wundern sich einige. Aber insgesamt nehmen die meisten den Hagel als bemerkenswerte Wettererscheinung wahr, als ein Kuriosum, das interessant, aber eben nicht existenziell gefährlich ist.

Auch anderswo gibt es immer wieder Regen. Aber: Der stört den Lauf der Dinge eher nicht. Im Erzgebirge kennt man ja verregnete Sommer.

Damen-Wasser-Fußball am 4. August in Zöblitz. Die Frauen trotzen dem Regen, schlittern durch die Pfützen und treffen fünf Mal ins Tor.

Für den 4. August ist ein Damenfußballspiel in Zöblitz angesagt. Die Zöblitzer Frauenmannschaft tritt gegen den Sportverein Neudorf an, und trotz strömenden Regens gehen die Frauen auf Torejagd. So, als seien sie die härtesten Kicker der Welt. Sie schlittern durch die Pfützen und landen dennoch etliche Treffer. Die Zöblitzer Frauen verlieren mit 2:3.

Am gleichen Tag feiert Auerbach mit einem Mittelalter-Spektakel sein Altstadtfest, und auch beim Waldfest in Cunersdorf bei Annaberg herrscht Ausgelassenheit. In Stollberg begehen an diesem Wochenende Feuerwehrleute ihr Sommerfest. Mitglieder der Höhenrettungstruppe demonstrieren mit Perfektion, wie sie Personen aus 30 Meter Höhe im unwegsamen Gelände bergen können. Niemand ahnt etwas von einer Katastrophe. Es ist ein heiteres Wochenende, an dem in ganz Sachsen die ABC-Schützen ihre Zuckertüten bekommen und Schulanfang gefeiert wird. Viele Familien sind froh, dass das Wetter „aushält“, wie man sagt. Denn über diesem Sommer 2002 liegt etwas Drückendes, ein schwüles, feuchtes Etwas. Klare, heiße Sommertage gab es nur im Juni.

Und dann hatte es in Berlin diesen katastrophalen Sturm gegeben. Die Bilder ließen erahnen, dass da etwas Schreckliches passiert sein muss, an diesem 10. Juli auf der Insel Schwanenwerder im Großen Wannsee. Über 100 Kinder, Mitglieder einer Jugendfeuerwehrgruppe, zelteten hier. Im Laufe des Nachmittags bereiteten sie sich auf ein Unwetter vor und sicherten ihre Unterkünfte. Wind und Sturm wurden erwartet. Doch dann wütete ein Orkan über der Insel: unberechenbar, windhosenähnlich. Schon nach wenigen Minuten sah die Insel aus wie ein Schlachtfeld. Insgesamt starben an diesem Abend acht Menschen im Raum Berlin und Potsdam. Auf dem Zeltplatz wurden zwei Jungen, zwölf und 17 Jahre alt, von umkippenden Bäumen erschlagen.

Was ist nur los? Menschen sprechen vom Klimawandel. Der deutsche Autoclub ADAC warnt Autofahrer vor Fehlverhalten bei starken Regenfällen. Große Pfützen sollten grundsätzlich nur langsam durchfahren werden. Und es mehren sich in der ersten Augustwoche Meldungen über Unwetter. In diesen Tagen reißen Wassermassen ein russisches Feriendorf und ein Zeltlager ins Schwarze Meer, meldet die Nachrichtenagentur Interfax am 8. August. Rund 80 Menschen werden zunächst vermisst, 58 Menschen ertrinken in den Fluten.

In der Nacht vom 7. zum 8. August werden auch Regionen in Deutschland durch starken Regen überschwemmt, in Bayern überflutet das Wasser Straßen und Keller. Besonders betroffen ist zu dieser Zeit der Chiemgau. Die Flüsse Traun, Salzach und Inn sowie die Donau bei Passau führen Hochwasser. Doch die Lage – zumal in den Gebieten, in denen fast jedes Jahr die Flüsse über die Ufer steigen – scheint beherrschbar.

10. August auf dem Pfaffenberg in Hohenstein-Ernstthal: Das traditionelle Bergfest wird wegen des Regens am Abend abgebrochen.

Schauveranstaltung: Die Berufsfeuerwehr Chemnitz zeigt am 4. August die Rettung von Personen im unwegsamen Gelände – nichts Böses ahnend.

Am Nachmittag des 8. August geht über Plauen und dem Vogtland ein Regenguss nieder, der so heftig ist, dass Mitarbeiter im Wasser- und Abwasserzweckverband zu rechnen beginnen. Sie wissen, wenn es 15 Minuten lang so stark regnet, dass 130 Liter Wasser je Sekunde und Hektar fallen, dann sind die Kanäle im Vogtland voll. Doch am 8. August schüttet es von 15.30 Uhr bis 15.40 Uhr 203 Liter Wasser je Sekunde und Hektar. Es wird zwangsläufig zu Überschwemmungen kommen. Das müssten Fachleute jetzt wissen und Vorsorge treffen.

Doch viele Menschen stellen sich auf Wochenendausflüge ein. „Für die nächsten Tage geben die Meteorologen einstweilen Entwarnung", heißt es in den Nachrichten vom 8. August. „Bis zum Wochenende stellt sich wechselhaftes Wetter mit nur vereinzelten Schauern ein." Für Sonntag erwartet der Deutsche Wetterdienst in Offenbach allerdings „erneut teilweise kräftigen Regen".

„Kräftiger Regen" – das klingt nicht dramatisch. „De Randfichten", eine Kult-Band aus Johanngeorgenstadt, feiern ihr zehnjähriges Bühnenjubiläum in bester Stimmung bis zum späten Samstagabend, dem 10. August. Rund 5000 Fans werden pitschenass. Aber was macht das? Ähnliches spielt sich in Lauterbach im Kreis Werdau/Crimmitschau ab. Hier trotzen am Samstagabend Besucher eines Open-Air-Konzertes den heftigen Regengüssen mit ihren Schirmen. Und trotz des Regens strömen die Besucher auch zum Grenzfest nach Wernitzgrün im Vogtland.

Etwas anders ist die Lage auf dem Pfaffenberg in Hohenstein-Ernstthal. Hier wollte man an diesem Wochenende das Bergfest feiern. Doch bereits der Samstag gerät für die Händler zur Katastrophe. Sie brechen das Fest gegen 19 Uhr vorzeitig ab: Ein Wolkenbruch hat den Festplatz in nur 25 Minuten in ein riesiges Schlammloch verwandelt. Doch zu diesem Zeitpunkt hoffen die Schausteller noch. Auf besseres Wetter ab Montag ...

Wetterbericht für den Regierungsbezirk Chemnitz (Sonnabend, 10. August)

„Tagsüber wechselnd bewölkt mit heiteren Abschnitten, später bilden sich teils kräftige Regenschauer und Gewitter. Temperaturen bis 24 Grad. In der Nacht gibt es gebietsweise schauerartigen Regen. Ab Dienstag setzt sich die Sonne durch."

Der extreme Dauerregen, der am Sonntag einsetzt und den ganzen Montag über anhält, wurde zu diesem Zeitpunkt nicht vorhergesehen. Auch sonst fiel die Prognose zu optimistisch aus: Der Tag, an dem sich die Sonne endlich durchsetzte, kam erst zwei Tage später, am Donnerstag.

Ein Wettertrog hängt über Mitteleuropa

Der Sommer 2002 in Deutschland – er sollte einfach nur „wechselhaft" werden. So hatten Wetterkundler vorhergesagt. In der Zeit vom 25. Juni bis Anfang Juli, also um den Siebenschläfer am 27. Juni, herrschte durchwachsenes, wechselhaftes Wetter. Und Meteorologen gehen bei einer solchen Siebenschläferkonstellation mit einer Wahrscheinlichkeit von 85 Prozent davon aus, dass auch der Hochsommer wechselhaft wird.

Doch im Juli beginnt in ganz Mitteleuropa das Wetter Kapriolen zu schlagen. Stürme über Südfrankreich und den Pyrenäen, schwere Dauerregen und Hagelschauer im sonnenverwöhnten Italien, Unwetter in Tschechien und Polen, Überschwemmungen am Schwarzen Meer, Regen am Ballermann auf Mallorca ...

Was läuft im Sommer 2002 so völlig anders als in anderen Jahren? Nach und nach summierten sich mehrere kritische Umstände, analysiert der Wetterexperte der „Freien Presse", Hans-Joachim Knußmann. Ein Faktor: die stetige Erwärmung des Klimas, die seit etwa 1980 registriert wird. Experten streiten, ob der Klimawandel normal ist oder nicht. Fakt ist: Von Januar bis Ende Juli 2002 waren die Temperaturen in Deutschland um ein bis zwei Grad gegenüber dem langjährigen Mittelwert erhöht. Wenn aber die Luft wärmer ist und damit mehr Energie besitzt, nimmt sie mehr Feuchtigkeit auf. „Je mehr Energie und Feuchtigkeit in der Luft, um so verheerender sind die Wetterauswirkungen", nennt Knußmann eine Grundregel. Unter anderem deshalb gibt es im Juli 2002 statt normaler Sommer-Regenschauer und Wind sehr heftige Gewitter, Hagelstürme und Orkanböen.

Ein zweiter Punkt: Im Juli und Anfang August liegt über Deutschland wochenlang ein so ge-

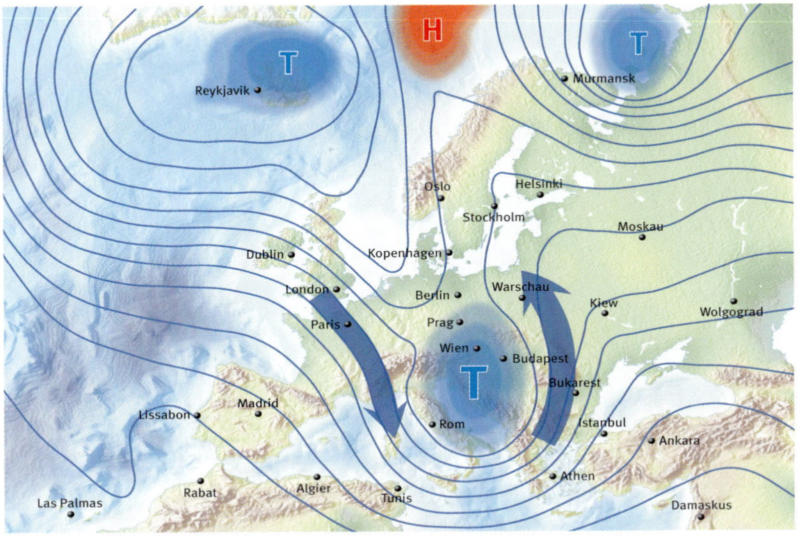

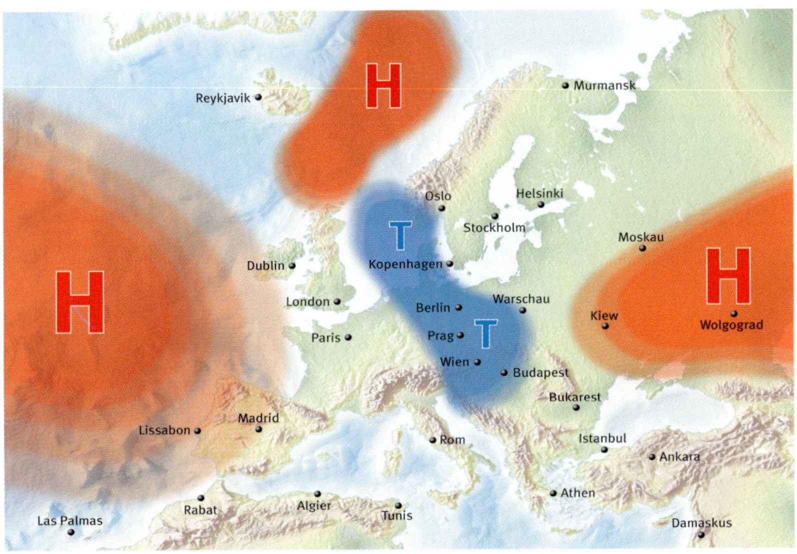

nannter Höhentrog. Das ist ein Tiefdruckgebiet in hohen Luftschichten. Atlantische Tiefdruckgebiete, die sich normalerweise über die britischen Inseln nach Skandinavien bewegen und Deutschland nur am Rande kurz streifen, nehmen wegen dieses Höhentrogs im Sommer 2002 einen anderen Weg. Sie ziehen nicht Richtung Osten, sondern Richtung Südosten und nehmen Kurs aufs Mittelmeer. Im warmen Mittelmeerraum verstärken sie sich, nehmen weiter Wasser auf, gewinnen an Energie – und bewegen sich Richtung Tschechien, Polen, Deutschland (Grafik oben).

Das Tiefdruckgebiet bleibt – und das ist der dritte, ungünstige Einflussfaktor – im ganzen Juli über Deutschland hängen. Es bewegt sich mal ein Stück nach Westen, dann wieder in Richtung Osten. Aber es kann nicht weg. Zwei Hochdruckgebiete, eines über Osteuropa und ein Azorenhoch, blockieren das Tief über Mitteleuropa, über Mitteldeutschland. „Links ne Backe, rechts ne Backe, in der Mitte Pferdekacke“, zitiert Knußmann ein unter Meteorologen bekanntes Sprichwort, das diese Situation beschreibt. Der „Höhentrog“ über Mitteleuropa – er wird immer wieder von Tiefdruckgebieten gespeist, die über den britischen Inseln entstehen (Grafik unten).

Jedes Tiefdruckgebiet besteht nun aus einer Warmluft- und einer Kaltluftseite. In diesem Sommer strömt kühle Meeresluft von der Nordsee nach Süden, warme Mittelmeerluft zieht auf der „Gegenrichtung“ im Osten über die Slowakei, Tschechien in Richtung Polen. An der Grenze zwischen Warm- und Kaltluft herrschen extreme Druckunterschiede, extreme Temperaturdifferenzen und es entsteht eine Art „Staubsaugereffekt“: Gewitter entladen sich, begleitet von gewaltigen Stürmen. Deutschland liegt – und das ist der vierte Negativfaktor – wochenlang direkt unter dieser Luftmassengrenze. Normalerweise befindet sich die Luftmassengrenze bei Tiefdruckgebieten im Sommer über Skandinavien.

Am 11. August nimmt das Unglück, die Katastrophe in Norditalien ihren Anfang. Ein Tiefdruckgebiet erreicht an diesem Tag in den Mittagsstunden Bozen. Am 12. August gelangt es in den äußeren Südwesten Polens und zieht von dort Richtung Mittelpolen. Die Grenze zwischen Warm- und Kaltfront ist am Montag, dem 12. August, „ortsfest“, wie Wetterexperte Knußmann sagt. Sie erstreckt sich vom östlichen Erzgebirge über Dresden und hinauf entlang der Neiße und Oder. Stundenlang ergießt sich sintflutartig Dauerregen über Sachsen.

Jahrzehntelang boten Talsperren wie die in Eibenstock guten Schutz gegen Hochwasser. Doch in diesem Jahr liefen einige der Wasserspeicher über.

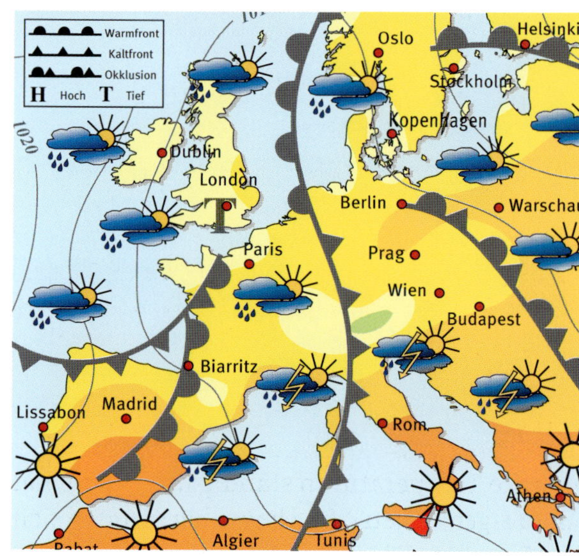

Die Wetterkarte vom Freitag, 9. August 2002: Ein Tiefdruckkomplex über Mitteleuropa bestimmt das Wetter in Deutschland. Weitere Tiefausläufer, die über die britischen Inseln ziehen, führen erneut Regenwolken heran.

Was sagt der 100jährige Kalender?

Der 100jährige Kalender beschreibt das Jahr 2002 wie folgt: „Dieses Jahr hat es viel große, schwere, gefährliche Ungewitter mit großem Windbrausen und Kieseln (Hagel), die nicht allein den Früchten sehr schädlich, sondern auch gewöhnlich einschlagen, anzünden und Feuersbrunst verursachen; es gibt aber keine Güsse.“ Der Monat August sollte dem 100jährigen Kalender zufolge so werden: „Fängt früh an mit Nebeln, die Tage schön, warm und hitzig. Der ganze Monat schön warm und trocken, doch etliche Gewitter.“

Klimawandel: Der verschwundene Sommer

Wenn Sommer bedeutet, dass über mehrere Wochen hinweg ein angenehm warmes Wetter herrscht, mit überwiegend blauem Himmel und Sonnenschein, dann ist der Sommer im Erzgebirge und Vogtland nur ein Mythos. Hagelschauer, Wolkenbrüche und Dauerregen, Stürme und Gewitter. Immer mehr Klimaforscher sehen eine der Hauptursachen für solche Wetterkapriolen und für das Verschwinden des Sommers in der Erderwärmung. Seit 1980 stieg die Durchschnittstemperatur in Mitteleuropa um ein bis anderthalb Grad.

Die Erde befindet sich in einer Phase des Klimawandels. Strittig ist, ob dieser Wandel nun natürlich und also keine Besonderheit ist – oder ob er durch Treibhausgase und andere Umweltverschmutzung hervorgerufen wird.

„Das Klima auf der Erde unterlag immer langfristigen Schwankungen", analysiert etwa Wetterexperte Hans-Joachim Knußmann. Aus frühen Aufzeichnungen aus Klöstern werde ersichtlich, dass es schon vor Jahrhunderten Phasen gab, in denen sich das Klima erwärmte. Darauf seien dann Abkühlungsphasen gefolgt. Es ist zudem bekannt, dass etwa im Mittelalter in Europa die Temperaturen ständig drei, vier Grad höher lagen als jetzt. Im November sonnten sich die Menschen. Die Kirschbäume in Deutschland blühten zweimal. Und man benannte auch nur zwei Jahreszeiten: Sommer und Winter.

Reine Panikmache also, wenn Klimaforscher und Umweltschützer Alarm schlagen? Die Auswirkungen der natürlichen Erderwärmung, so meint Knußmann, werden durch die Umweltverschmutzung in ihrer Wirkung verstärkt. Ähnlich denkt Friedrich-Wilhelm Gerstengarbe vom Potsdamer Institut für Klimafolgenforschung: „Man kann das Klimasystem mit einem Autofahrer vergleichen. Wenn er nüchtern ist, fährt er geradeaus, gibt man ihm Alkohol, bewegt er sich in Schlangenlinien. Der Alkohol für unser Klima sind die Treibhausgase."

Also demnächst jedes Jahr Hochwasser? Die Prognosen der Forscher fallen sehr widersprüchlich aus. So sagt eine Gruppe britischer und schwedischer Forscher ein nasses Europa voraus. In den nächsten 100 Jahren soll es in Nord- und Mitteleuropa in den Wintermonaten bis zu fünfmal mehr Niederschläge als derzeit geben. Aber auch in den Sommern soll es diesem Klimamodell zufolge regnerischer werden, die Überschwemmungen häufen sich.

Der Klimawandel bringt Extreme: Dürre und Hochwasser. Beides verdirbt die Ernte. Getreide vertrocknet, verfault – oder keimt auf dem Halm.

Das Wetter im Sommer 2002 hätte also Beispielcharakter. Das freilich ist vom Sommer 2001 auch schon behauptet worden. Damals allerdings hatte es über Wochen hinweg zu wenig Niederschlag gegeben. Die Landwirte klagten über Trockenheit, während heute ihre Felder absaufen. Die Weissagung des feuchten Mitteleuropa der Zukunft steht im Widerspruch zur

sächsischen Prognose, die erst im Juni 2002 auf der zweiten regionalen Klimakonferenz bekräftigt worden ist: Es wird wärmer, regnet weniger, und die Schneedecke wird noch dünner.

Logisch klingen beide Modelle. Die Erde erwärmt sich; dadurch verdunstet mehr Wasser aus den Seen, Flüssen und Meeren und entlädt sich als Regen – beispielsweise über dem Erzgebirge. Also stimmt Prognose Nummer eins? Irgendwie schon, aber nicht richtig. Denn: Langjährige Statistiken belegen, dass die Niederschlagsmengen sinken und auch die Messwerte an den Grundwassermessstellen eine fallende Tendenz aufweisen. „Niederschläge in tropischem Ausmaß ändern nichts an der Prognose deutlich trockenerer Frühjahrs- und Sommerperioden", sagt Michael Kinze, Präsident des sächsischen Landesamtes für Umwelt und Geologie.

Klimawandel: Ein Bild, an das wir uns gewöhnen müssen?

Der verschwundene Sommer: Land unter in einem Garten in Bräunsdorf bei Limbach-Oberfrohna.

Deutschlands aktuelle Regen-Rekorde

Höchste 24stündige Niederschlagsmenge: 312 Liter pro Quadratmeter (12. bis 13. August 2002 in Zinnwald/Osterzgebirge). *Höchste Niederschlagsintensität:* 126 Liter pro Quadratmeter in 8 Minuten (25. Mai 1920 bei Füssen/Allgäu). *Höchste Niederschlagsmenge in einem Monat:* 777 Liter pro Quadratmeter (im Mai 1933 in Oberreute am Bodensee sowie im Juli 1954 im oberbayerischen Stein/Kreis Rosenheim). *Geringste Niederschlagsmenge in einem Monat:* 0 Liter (an verschiedenen Orten Deutschlands. Erstmals im Oktober 1908 in Lindenberg und Doberlug-Kirchhain in Brandenburg, sowie zuletzt im Juli 1994 in Barth in Mecklenburg-Vorpommern). *Größte Niederschlagsmenge in einem Jahr:* 3503,1 Liter pro Quadratmeter (1970 in Balderschwang/Allgäu). *Geringste Niederschlagsmenge in einem Jahr:* 242 Liter pro Quadratmeter (1911 in Straußfurt/Thüringen).

10. Juli in Berlin: Ein Gewitter und ein Orkan suchen die Hauptstadt heim – acht Menschen sterben. Es bleiben nicht die einzigen Opfer im Sommer 2002.

Anfang August geht – wie hier in Plauen – nichts ohne Regenschirm.

Ironie des Schicksals: Im Dresdner Zwinger wird am 6. August ein Brunnen gereinigt. Nur wenige Tage später steht auch der Zwinger unter Wasser.

Gute Laune, schönes Wetter auch noch am 9. August. Marlen, Linda und Toni sind pflastermüde und suchen Abkühlung im Brunnen am Roten Turm in Chemnitz.

Sommeridylle am 3. August am Greifenbach-Stauweiher in Geyer. Baden, Segeln und Kartenspielen sind angesagt, Gedanken an ein Unwetter dagegen fern.

Regen erschwerte die Anreise der Motorradfans zum Grand Prix auf dem Sachsenring am 18. Juli.

Beach-Volleyball an der Talsperre Pöhl – die bedrohlichen Wolken ziehen sich bereits zusammen.

Erste riesige Wasserlachen bilden sich nach einem Regenguss in Zwickau .

Am 9. August versucht Steve Lößner, den Boden auf dem Pfaffenberg zu befestigen – das Bergfest in Hohenstein-Ernstthal soll am nächsten Tag beginnen.

Das Pfaffenberg-
fest in Hohen-
stein-Ernstthal
fällt ins Wasser.

Das Wasser ergießt sich vom Pfaffenberg und droht im Silbergässel von Hohenstein-Ernstthal einen Bagger in eine Baugrube zu stürzen.

Der Alarm

Aus Bächen werden Sturzfluten

Die Elbe nimmt sich Stadt und Land

Schwarze Wolken – dunkle Ahnungen

Es ist ein Montagvormittag im August. In Hamburg oder Rostock ist es ein Montagvormittag wie jeder andere. Im Süden haben die Menschen ein tropfnasses Dauerregen-Wochenende hinter sich, den Oberbayern schwappte das Wasser bis zu den Fenstern herein. Im baden-württembergischen Reutlingen gab es am Sonntag Katastrophenalarm. In Sachsen hat man davon freilich Nachricht. In Sachsen regnet es. Und manch einer in Chemnitz oder Leipzig fängt an diesem Vormittag des 12. August 2002 das Nachrechnen an. Wann hat dieser Regen, der nun nicht mehr aufzuhören scheint, denn eingesetzt? In den meisten Teilen des Landes kommt es seit dem späten Sonntagnachmittag nur noch nass vom Himmel herunter. Es regnet, regnet, regnet. In die Tristesse mischen sich allmählich dunkle Ahnungen und handfeste Befürchtungen, was Schlimmes passieren könnte, wenn es nicht endlich aufhört zu regnen.

Aber noch ist es eben „bloß" Regen. Denkt man am Morgen zum Beispiel in Dresden. Dort sind zu diesem Zeitpunkt die Veranstalter der „Filmnächte am Elbufer" noch richtig optimistisch. „Aus der Mitte entspringt ein Fluss" – so kündigen sie für den Abend den „ganz jungen Brad Pitt in einem wunderschönen Film von Robert Redford" den Freunden dieses traditionsreichen sommerlichen Freiluft-Kinos in der Landes-

Zuerst knicken nur die Regenschirme.

Fischer rennt: Bei seinem Besuch in Dresden muss der Außenminister nur dem Regen davonlaufen. Das große Unheil ist noch nicht absehbar.

hauptstadt an. Gut, die Elbe hat Hochwasser, das Terrassenufer sowie eine Reihe ufernaher Straßen sind überschwemmt, und die Schifffahrt auf dem Strom ist eingestellt. Doch das ist oft so in Dresden, kein Grund zu größerer Beunruhigung. Denkt man.

Als in Dresden noch manch einer von Hollywood träumt, stehen im Erzgebirge schon viele Menschen knöcheltief in brackiger Brühe und schöpfen und pumpen ihre Keller leer. Es ist 7 Uhr morgens, da schrillen im Rathaus von Sehmatal im Landkreis Annaberg die ersten Telefone. Die Menschen rufen um Hilfe, melden überflutete Keller. Das Flüsschen Sehma schwillt rasant an und überspült eine gute Stunde später die ersten Brücken in Neudorf. Zur selben Zeit sind weite Teile der Stadt Olbernhau im Mittleren Erzgebirgskreis vom Flöha-Fluss einen Meter unter Wasser gesetzt ...

Wer jetzt noch trockene Füße hat, dem ist nur kurzer Aufschub gewährt. Die Flüsschen und Bächlein des Erzgebirges schießen als reißende Ströme unaufhaltsam zu Tal. Noch schöpfen die Menschen das Wasser aus ihren Häusern, noch pumpt die Feuerwehr Keller aus. Doch in den Gebirgsregionen wird schnell zur bitteren Erfahrung, was es heißt, das Fass der Nereiden ausschöpfen zu wollen. Was in Kübeln aus den Fenstern gegossen wird, kommt über die Kellertreppe wieder herein. Und das Wasser wird immer schneller immer mehr.

In Dresden hat sich der Bundesaußenminister angesagt. Nicht an Katastrophenhilfe hat Joschka Fischer bei seinem Besuch gedacht. Denn das große Unheil ist noch nicht wirklich absehbar in Dresden. Fischer will am Elbufer dauerlaufen. Doch die Weißeritz, die hier in die Elbe mündet, fließt schon unkontrolliert in Richtung Landeshauptstadt.

Sirenen im Sekundentakt

Jetzt geht alles rasend schnell. In der Marienberger Region ist es in manchen Orten, als kehre der Albtraum des Juli-Gewitters von 1999 zurück. So sehen die Pobershauer an diesem 12. August die Rote Pockau schwellen und schwellen und denken an die Katastrophe, deren Spuren sie nach drei Jahren einigermaßen beseitigt geglaubt haben. Der Schock von damals, er schien überwunden, kommt als langsames Grauen zurück.

Um 12.05 Uhr löst der Mittlere Erzgebirgskreis als erste Region im Regierungsbezirk Katastrophenalarm aus. Um 12.20 Uhr folgt der Landkreis Annaberg zunächst mit einem Voralarm, um 17 Uhr dann mit der offiziellen Ausrufung der Katastrophe. Um 15.35 Uhr ist es im Landkreis Freiberg so weit, um 20.18 Uhr im Kreis Mittweida. Um 23 Uhr schließlich ist die höchste Alarmstufe im Kreis Aue-Schwarzenberg erreicht. Nach Mitternacht stehen dann auch Glauchau und das Chemnitzer Land unter Katastrophenalarm, ebenso wie der Kreis Stollberg. In Chemnitz sind die Straßenzüge entlang dem

Ein Albtraum kehrt zurück. Ungläubig beobachtet man im Hüttengrund bei Marienberg, wie der Fluss erneut Zerstörung bringt.

Schnell steht die Annaberger Straße in Chemnitz unter Wasser.

Chemnitzfluss unter Wasser. Einigen Brücken steht das Wasser bis zum Hals, Dutzende Straßen sind unpassierbar. Die Innenstadt von Chemnitz aber bleibt vom Wasser verschont. Chemnitz ist nicht schlimm dran. Was „nicht schlimm" ist, bestimmt an diesem alarmierenden Tag nur der Vergleich mit den anderen, die so sehr viel schlimmer dran sind. Doch sogar auf dem hoch gelegenen Chemnitzer Kaßberg, jenem schönen zentrumsnahen Jugendstil-Viertel, stehen Keller der großen alten Bürgerhäuser im Wasser. Unter anderen Umständen wäre das wohl schlimm, an diesem einen Montag im August 2002 nicht.

Noch ahnt in Dresden niemand ...

Die Sirenen heulen im Sekundentakt, im ganzen Land, wie es scheint. Am absoluten Katastrophenzustand kommen die großen Städte Chemnitz, Zwickau und Plauen jedoch vorbei. Dresden nicht: Am Abend ruft die Landeshauptstadt die Katastrophe aus. Dort ist der Landtag vollgelaufen, der Bahnhof steht unter Wasser, und in den Kunstsammlungen hat man begonnen, die Alten Meister aus den Depots in sicherere Höhen zu verbringen. Denn die Elbe leckt schon am Zwinger. Ironie des Schicksals: Am Vormittag noch wird in Dresden eine Studie der Deutschen Bundesstiftung Umwelt zum Hochwasserschutz vorgestellt. Fazit: Effektiver Hochwasserschutz muss nicht teuer sein – wenn man nur genügend Boden als Wasserspeicher zur Verfügung hat. Zu spät kommt diese Erkenntnis – für dieses Mal.

In der Sächsischen Schweiz werden Orte von der angeschwollenen Müglitz überschwemmt, ein Rückhaltebecken ist gebrochen. In Glashütte, wo sonst präzise Zeitmesser vornehm den Takt bestimmen, ist es nun der Donner der Wassermassen, welche Zeit und Raum hier in Windeseile weggespült haben. In der Nähe fängt die Talsperre Malter an überzulaufen. Freital muss in Teilen evakuiert werden. Weiter im Nordwesten des Landes, in Leipzig und in der Umgebung der Großstadt, können Polizei und Feuerwehr die Notrufe an diesem Tag nicht mehr zählen.

Am späten Nachmittag dieses denkwürdig schrecklichen 12. August wähnt die Chemnitzer Regierungsbehörde die Hochwasserlage im Südwesten Sachsens „angespannt", aber „im Griff". Zum Abend listet das Regierungspräsidium in Chemnitz 88 gesperrte Straßen auf, mehrere zerstörte Brücken und einen in weiten Teilen der Region zum Erliegen gekommenen Zugverkehr. Auch Menschen werden bereits vermisst. Noch gibt es keine Gewissheit, also gibt es auch noch Hoffnung. Doch es sei mit dem Schlimmsten zu rechnen, fürchtet die Polizei.

Allein im Vogtland scheint die Lage nicht ganz so verzweifelt. Zwar wird das Leben auch hier von Sandsäcken und Wasserpumpen bestimmt, doch es brechen keine Dämme, es stürzen keine Brücken ein, es schwebt niemand in Lebensgefahr. Um niemand, vor allem nicht die Jüngsten, in Gefahr zu bringen, kündigt das Kultusministerium schulfrei im ganzen Land an.

Die Angst vor später Warnung
Unwetterwarnungen kommen oft zu spät und lassen den Bewohnern der betroffenen Regionen kaum Zeit, um Hab und Gut in Sicherheit zu bringen. Kein Wunder, dass sich rund ein Drittel der Bundesbürger (29 Prozent) nicht ausreichend vor schweren Stürmen und sintflutartigen Regengüssen gewarnt sieht. Vor allem junge, im Informationszeitalter aufgewachsenen Leute zwischen 14 und 29 Jahren bemängeln die Qualität der Unwetterwarnungen (40 Prozent). Ganz im Gegensatz zu den Deutschen über 50 Jahren, die mit der Informationsversorgung meist zufrieden sind (73 Prozent). Das sind die Ergebnisse einer repräsentativen Umfrage des Meinungsforschungsinstituts EMNID im Auftrag der Freizeit- und Fernsehillustrierten „Auf einen Blick“, in der 1012 Frauen und Männer befragt wurden.

Orte wie viele: Olbernhau, Zwickau, Flöha

Die Schreckensmeldungen überschlagen sich an jenem Montag, an dem der Regen 24 Stunden lang keine Sekunde Pause macht. Die Nachrichten gleichen sich: aus dem Westen und Osten und Süden des Erzgebirges, aus den Städten und Kreisen, aus den unzähligen Dörfern, deren zuvor noch harmlos plätschernde Bäche und kleine Rinnsale sich so schnell in aggressive Sturzfluten verwandelt haben, dass kein Mensch mehr mit der Geschwindigkeit des Wassers mithalten kann. In Minutenschnelle versinken Hab und Gut, verschwinden altbekannte Ortsansichten, ändern sich Menschenleben. Die Ankündigung der Katastrophe hat an diesem Tag unzählige

Zwickau kämpft die ganze Nacht.

Schauplätze. Olbernhau, Zwickau, Flöha sind an diesem Tag Orte wie viele und in ihrem Schicksal stellvertretend für viele: In Olbernhau werden die Menschen vom Wasser geweckt, in Zwickau beginnt ein verzweifelter Kampf um die historische Altstadt, in Flöha müssen die Bewohner schon Stunden zuvor die genau vorausberechenbare und unausweichliche Sicherheit ertragen, dass ihre Stadt Opfer der Fluten werden wird.

Innerhalb von nur zwölf Stunden fallen in der Gegend von Olbernhau 116 Liter Regen auf den Quadratmeter. Das sind 27 Liter mehr als sonst im gesamten Monat August. Die Gemeinde Deutschneudorf ist die erste Siedlung, die vom Wasser eiskalt geweckt wird. Schon gegen 8 Uhr tritt das ansonsten kleine Flüsschen Schweinitz über die Ufer, um wenig später in Deutschkatharinenberg auf die unglaubliche Breite von etwa 200 Metern anzuwachsen. Auf ihrem Weg bringen die Wassermassen alles mit, was sie unterwegs finden. Selbst ein Tankfahrzeug der Feuerwehr auf tschechischer Seite wird von der Flut angehoben und in die Schweinitz „geworfen", als wäre es ein Spielzeugauto. Der Pkw-Grenzübergang Deutscheinsiedel muss geschlossen werden. Unweit davon, am Göhrener Weg, bricht ein Deich.

Olbernhau wird frühmorgens kalt und nass erwischt.

Es dauert nicht lange, da tritt in Olbernhau die Flöha rasant über ihr Flussbett. Nur ein paar Minuten, und das Wasser steigt auf der Grünthaler Straße unweit der Obermühle auf gut einen Meter an. Gewohnte Straßenläufe verschwinden unter Wellen. Olbernhau ist abgeschnitten. Auf den Straßen erreicht das Wasser eine Höhe von eineinhalb Metern, in den Häusern klettert es an die drei Meter hoch. Das Rittergut, die Saigerhütte, die Grünthaler Straße – alles wird überflutet.

Seit dem Vormittag werkelt in der Feuerwache ein Krisenstab. Keller auszupumpen, das ist längst ein sinnloses Unterfangen geworden, es gibt jetzt Wichtigeres. Menschen sind in Gefahr. Sie müssen in Sicherheit gebracht werden. Das ist nur noch zu Wasser möglich, mit Schlauchbooten, auch für ein Motorboot weisen die Straßen ausreichend Wassertiefe aus. Es gibt Verletzte. Sie werden in der Feuerwache von einem Notarzt versorgt. Gegen Mittag muss das Gymnasium – es liegt direkt an der Flöha – evakuiert werden, am Nachmittag das Kreiskrankenhaus und ein Asylbewerberheim. In Olbernhau sind die meisten Häuser nun ohne Telefon und ohne Strom.

Brechen die Dämme der Mulde? Droht der Zwickauer Altstadt ein Überschwemmungschaos wie 1954? Das ist die Frage, die Zwickau in Atem hält. Das ist die Begrohung, gegen die Zwickaus Bürger pausenlos ankämpfen an jenem Montag. Schon am Vormittag reißt die Mulde ein Baugerüst an der Paradiesbrücke weg, die gerade saniert wird. Bedingt durch Bauarbeiten, ist eine Stützmauer der Brücke freigelegt. Sie sollte in den nächsten Tagen zubetoniert werden. Doch jetzt kommt das Wasser. Einsturzgefahr! Stürzen die Massen der Brücke aber in die Fluten, gibt es einen Wasserwirbel, der die ganze Altstadt überschwemmen wird. Es passiert nicht. Feuerwehr und Technisches Hilfswerk gewinnen den Wettlauf gegen die Mulde und für die Brücke. Der Hohlraum in der Stützmauer kann rechtzeitig verfüllt werden. Das größte Unheil kann von der Altstadt abgewendet werden.

Als Flöha noch Hoffnung und Sandsäcke hatte: Schon Stunden vorher steht jedoch fest, dass die Stadt überflutet wird.

Damit ist die Zitterpartie längst nicht zu Ende. Der Schmelzbach, der Moritzbach und der Weißenborner Bach treten über die Ufer. Damit nicht auch die Mulde im Stadtteil Crossen ihr Bett verlassen kann, schichten die Einsatzkräfte ohne Unterlass Sandsäcke auf, in der Hoffnung, so den durchweichten, zum Teil brüchig gewordenen Damm zu stabilisieren. Auch an der Glück-auf-Brücke offenbart der vorhandene Hochwasserschutz schwache Stellen. Die Stadt fordert über Rundfunk und Fernsehen die Bürger im Norden auf, Vorkehrungen für den Überschwemmungsfall zu treffen, ihr Hab und Gut in Sicherheit zu bringen, Autos aus Tiefgaragen zu fahren.

Die Stadt erlebt dramatische Stunden, eine erschöpfende Nacht im Kampf um den Damm. Doch es gibt keine Verletzten, niemand muss aus einer Gefahrensituation gerettet werden und die Stadt entgeht der Überflutung.

„Land unter" heißt es seit dem Mittag in der Region um Flöha. Rettungskräfte sind im Dauereinsatz, jeder verfügbare Helfer wird gebraucht. Dorfbäche treten über ihre Ufer, werden zu reißenden Strömen. Flöha und Zschopau überspülen nachmittags entlang dem gesamten Flusslauf ufernahe Zonen. Mitgeführtes Treibgut lässt erahnen, welche dramatischen Ereignisse flussaufwärts sich vollzogen haben. Bäume, ganze Baugerüste, ein Fußballtor und Müll ergießen sich stromabwärts. Nachts wird mit einer Flutwelle gerechnet, weil Dämme in Tschechien gebrochen sind. „Flöha wird noch diese Nacht total unter Wasser stehen", sagte ein Experte. Die Menschen wissen lange zuvor, was sie unausweichlich erwartet.

Größte Sorgen bereitet die Talsperre Lichtenberg. In die Talsperre fließen am späten Nachmittag 35 Kubikmeter Wasser pro Sekunde. Geht das so weiter, dann wird fünf oder sechs Stunden später die Talsperre überlaufen, unkontrolliert. Und es geht so weiter, es regnet weiter.

Für Flöha und Zschopau wird die Hochwasserwarnstufe 4 ausgerufen, die höchste Alarmstufe. Katastrophenalarm herrscht im gesamten

Neue Unwetter-Warnstufen

Namhafte deutsche Meteorologen plädieren für die Einführung eines dreistufigen Unwetter-Warnsystems in Deutschland. Augenblicklich ist ein zweistufiges System in Kraft, was nach Meinung von Experten der gestiegenen Gefahr, die von Unwettern ausgeht, nicht mehr gerecht wird.

Warnstufe 1 tritt in Kraft, wenn eine Wetterwarnung ohne besondere Gefahr im Verzug ausgesprochen wird.

Warnstufe 2 besagt, dass lokal eine Gefahr für Leib und Leben möglich ist.

Warnstufe 3 wird ausgerufen, wenn eine hohe Wahrscheinlichkeit für Gefahr an Leib und Leben in einem größeren Gebiet gegeben ist.

Der Fernsehsender RTL und der Potsdamer Radiosender BB Radio haben die drei Unwetter-Warnstufen in ihrem Wetterbericht bereits eingeführt.

Kreis Freiberg bereits seit kurz nach halb vier nachmittags. In Borstendorf steigt der Pegel auf über 300 Zentimeter, in Lichtenwalde sind es schon 400 Zentimeter. Die Situation in den Dörfern spitzt sich noch zu, doch Flöha scheint schon am Höhepunkt des Unglücks. Die Stadt ist von der Außenwelt nahezu abgeschnitten. Etwa 20 Schüler des Pufendorf-Gymnasiums, die nicht mehr mit den Schulbussen in ihre Heimatorte gebracht werden können, werden in der Feuerwache versorgt und müssen sich dort auf die Übernachtung einstellen. Auch in der Lernförderschule am Schulberg sitzen die Schüler fest.

Rund 50 Trafostationen geben den Geist auf, ganz Falkenau ist zappenduster. Die gesamte Stromleitung aus Breitenau ist weggerissen. Die Kläranlage Niederwiesa ist überflutet. Nach und nach gehen überall die Lichter aus ...

Die vier Stufen zum Hochwasseralarm

Alarmstufe 1 (Meldedienst). Diese Stufe wird ausgelöst, wenn der Wasserstand am Hochwassermeldepegel den dort festgelegten Richtwert erreicht. Ab jetzt wird die Hochwasserzentrale regelmäßig über den Stand informiert.

Alarmstufe 2 (Kontrolldienst). Abflussbehinderungen treten ein, die Betriebsfähigkeit wasserwirtschaftlicher Anlagen ist beeinträchtigt. Der Wasserwehrdienst muss alarmiert werden.

Alarmstufe 3 (Wachdienst). Treibzeug löst ein plötzliches Ansteigen der Wasserstände aus, es besteht die Gefahr von Schäden für Bevölkerung, Wirtschaft und Kulturgut.

Alarmstufe 4 (Hochwasserabwehr). Deichbrüche stehen bevor, wasserwirtschaftliche Anlagen und andere Objekte sind in Gefahr, schwer beschädigt zu werden. Zu erwarten sind erhebliche Auswirkungen auf die Gesundheit und die Versorgung der Bevölkerung, auf die Wirtschaft und auf die Sicherheit von Kulturgut.

Wasser statt Wahlkampf

Das Wasser kommt, wird schlagartig zum einzigen öffentlichen Thema und spült alles andere, was bisher die Menschen beschäftigt hat, einfach weg. In Deutschland ist Wahlkampfzeit, doch Wahlplakate versinken im Wasser, und Politiker scheuen sich, abgesehen von kleinen Scharmützeln am Rande, den peitschenden Strom des Wassers auf die Mühlen ihrer Parteiinteressen zu leiten. Statt dessen geht seit Montag, dem 12. August 2002, ein Wort um in Deutschland: das Wort von der Sintflut. Die Zeitungen drucken es, aus allen Rundfunk- und Fernsehkanälen hören wir es.

Mit diesem vielfach gehörten, gelesenen und gesprochenen Wort des Tages sickert auch seine ursprüngliche Bedeutung wieder ins Bewusstsein der Menschen: die Sintflut als die Sündenflut, als Strafe Gottes in Form einer Flut für die Flut der menschlichen Missetaten.

Noch hat die Flut erst ihren Anfang genommen, schon wird nach Erklärungen dafür gesucht. Sachsens Umweltminister Steffen Flath sieht Dauerregen und Unwetter als eine Folge des weltweiten Klimawandels. Der Bundesumweltminister Jürgen Trittin fordert, den Flüssen wieder mehr Raum zu geben, damit sich Hochwasser wenigstens nicht mehr so schnell ausbreiten können. Dass Mitteleuropa mit derartigen Fluten künftig häufiger rechnen muss, steht für den Umweltminister ohnehin schon fest. Der Bundespräsident Johannes Rau bringt die Versäumnisse der Vergangenheit beim Klima- und Hochwasserschutz auf die aktuelle Tagesordnung ...

Auf die Tagesordnung: So plötzlich wie die Flut kommt, so plötzlich erlangt ein Thema, die Umwelt, wieder politische und gesellschaftliche Priorität. Umweltschützer sind mit einem Mal nicht mehr jene zuvor noch von vielen belächelten wunderlichen Waldschrate, sondern gut für Ratschläge. Flächenversiegelung und Kohlendioxid-Ausstoß sind nicht länger nur Diskussionsthemen in Öko-Kneipen. Denn das Wasser hat Menschen innerhalb von Minuten ihre Existenzgrundlage genommen und verdeutlicht, was existenziell ist für ihr Leben und ihre Lust am Leben: eine einigermaßen intakte Natur. Die Diskussion ist eröffnet – wieder einmal.

Nicht nur in Flöha fällt der Bundestagswahlkampf vom 12. August an ins Wasser. Die Flut spült der Politik wichtigere Aufgaben vor die Füße.

Olbernhau und Umgebung

Rette sich, wer kann. Wasser von allen Seiten.

Die Fluten kommen. Noch versucht die Feuerwehr, die Grünthaler Straße von treibenden Autos freizuräumen.

Morgens um acht ist die Welt längst nicht mehr in Ordnung.

In die Boote! Das Gymnasium wird evakuiert.

Auch die Patienten des Kreiskrankenhauses müssen in Sicherheit gebracht werden.

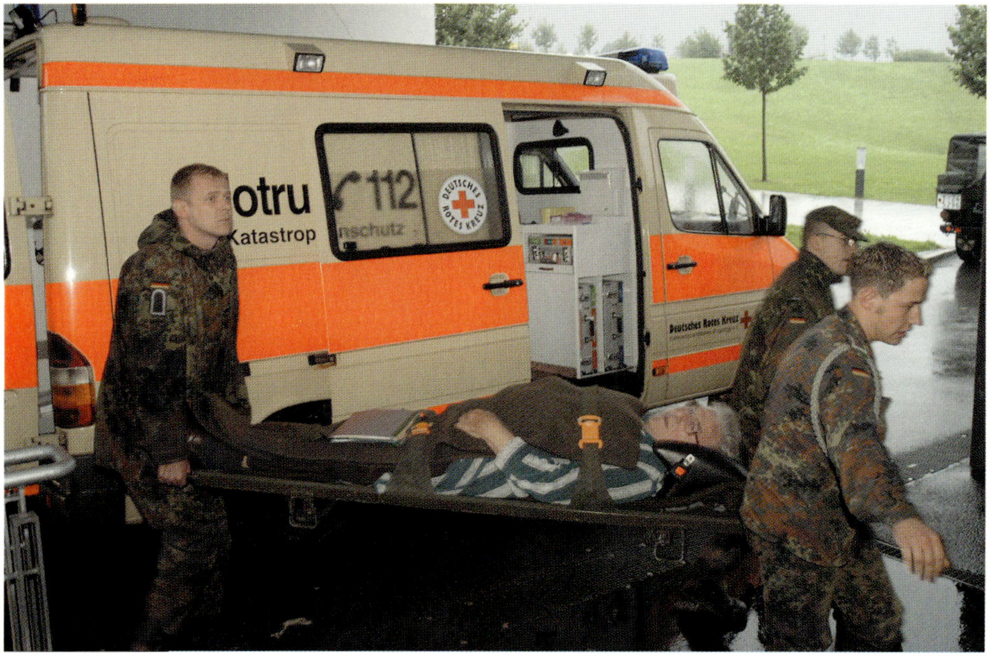

Die Zschopau überflutet Straßen in Wiesa. Noch hofft die Feuerwehr etwas ausrichten zu können.

Stumme Verzweiflung eines Gärtners. Im Kreis Annaberg herrscht Katastrophenalarm.

Ein Spielplatz in Aue wird zum Reservoir für den wertvollsten Rohstoff des Tages: Sand.

Kaskaden zwischen Hirschberg und Niederlochmühle.

Da bleibt kein Hemd mehr trocken.

Hoffnung für einen Gestrandeten in Schlema: Der Karpfen darf zurück ins Wasser.

Die Natur kommt mit Gewalt nach Schneeberg.

Im Frühtau zu Berge: Das Vieh flieht auf die Hänge des Erzgebirges.

Wo Sandsäcke noch helfen: In Weißbach kommt das Wasser langsam.

Der Rödelbach in Kirchberg stürzt davon.

Einsturzgefahr! Die Baustelle an der Paradiesbrücke wird unterspült. Ein Wettlauf mit der Zeit beginnt.

Sie schwankt und geht doch nicht unter: Die Paradiesbrücke hält dem Wasser stand.

Früher Ladenschluss: Statt dessen Sandsäcke bis zum Türgriff.

Die lange Nacht von Zwickau: Bis morgens um fünf wird Sand geschippt, um die Einkaufsmeile zu schützen.

Brücke in Bedrängnis: In Wilkau-Haßlau steigt die Mulde die Pfeiler hoch.

Nachtschicht für die Feuerwehr unter der Glück-auf-Brücke. Wie viele Sandsäcke braucht der Damm denn noch?

Mit eigenen Augen sehen: Das Flüsschen ist ein Strom.

Flöha und Umgebung

In Flöha weiß man auch ohne Hochwasserschild schon Bescheid.

Eine wirklich überflüssige Warnung: Die Talsperre Lichtenberg begann schon überzulaufen.

Die Schlauchboote kommen.

Montagmittag in Eppendorf: Die Große Lößnitz bremst die Feuerwehr aus.

Der Tag ist noch lang, doch zwischen Eppendorf und Leubsdorf kaum noch ein Durchkommen.

Ungewohntes Bellevue im Schlossgarten Lichtenwalde: Die Zschopau wird zum breiten Strom.

Glauchau und Umgebung

Die mobile Gesellschaft ausgebremst: Nachmittags ist die Autobahn bei Glauchau überflutet.

Radeln geht noch.

Der Damm droht
zu brechen.
Soldaten aus Frankenberg kommen
zu Hilfe.

Und viele, viele
Säcke noch.

Naturschauspiel und alles andere als ein Kinderspiel: das Hochwasser in Niederlungwitz.

Der Lungwitzbach als Pferdeschwemme.

Chemnitz und Umgebung

Die Senke zwischen Kaßberg und Schlossberg läuft voll: An der Paul-Jäckel-Straße wird gepumpt.

Die Chemnitz entlang der Annaberger Straße macht nur noch staunen.

Die Baustelle an der Scheffelstraße wird zur Seelandschaft.

Unten links: Zwei nasse und vier trockene Füße.

Unten rechts: 88 Straßen im Regierungsbezirk sind gesperrt: In Chemnitz bricht das Verkehrschaos aus.

Fähre gesucht in Köthensdorf.

Ratlos in Köthensdorf.

Seufzer auf der Zwinger-Empore: Wird es bei der Pfütze bleiben?

Der Katastrophenfilm läuft an: Die Elbe rast und steigt.

Endstation am Dresdner Hauptbahnhof: Nach Chemnitz kommt jetzt niemand mehr.

Die Katastrophe

Land unter in Sachsen

Das Erzgebirge liegt in Trümmern

Die Katze auf dem schwimmenden Sofa

Kann ein Mensch, nachdem er alles verloren hat, und zwar in wenigen Minuten alles verloren hat, kann so ein Mensch seine Fassung behalten? Er kann. „Die Wohnung, die da unten war, gehörte mir." Heiko Lippmann sieht müde, aber keineswegs geschafft aus. „Die ehemalige Freiberger Straße 14 in Olbernhau."

Die Flöha, sonst eher ein ruhiger Fluss, fast ein Flüsschen, hat sich in ein wildes Tier verwandelt. „Das dauerte fünf Minuten, da war der Hof des Nachbarn voll. Und wenig später der unsere", erzählt Heiko Lippmanns Nachbar Matthias Männlich, ein Grenzschützer, der im selben Haus in der trocken gebliebenen Dachgeschosswohnung lebt und nun seinem Nachbarn hilft, sein Leben neu zu organisieren. Neu organisieren, das heißt bei Null anfangen. Denn Heiko Lippmann hat alles verloren.

Hochwasser in Olbernhau. Am Montag baut sich das Unheil auf, am Dienstag, dem 13. August, zeigt sich die Katastrophe in ihrem vollen Umfang. In den unteren Lagen sieht die kleine Stadt im Erzgebirge regelrecht verwüstet aus. Auch die Nachbarorte werden von der Flöha und anderen Flüssen überspült. Auf der Bundesstraße nach Seiffen reißen die Wassermassen alles mit, was nicht niet- und nagelfest ist. In der Nähe des inzwischen evakuierten Gymnasiums glotzen einige surrealistische Holzfiguren der Olbernhauer Kunstmeile in die Wellen, als habe das Entsetzen sie stumm gemacht. Als das Wasser tags zuvor noch etwas höher stand, hatten sie nasse Füße bekommen. Nun gilt noch immer Land unter, aber die hölzernen Füße der Kunstfiguren sind wieder trocken. Müll, zerfetztes Gras und Äste haben sich um ihre Glieder gewunden.

Fast ständig herrscht Wind, doch manchmal wird es fast ruhig, bis dann plötzlich wieder Sturm aufkommt. Meterhoch türmen sich die braunen Wellen der Flöha, als wollten sie dem Atlantik Konkurrenz machen. Die hübsche Holzbrücke zum Olbernhauer Gymnasium ist nicht mehr begehbar, und sie ist nun auch nicht mehr hübsch. Von Wasser umspült, sammelt sich alles in ihrem Geländer, was sperrig ist. Ein riesiges Ölfass schlägt im Rhythmus der Wellen gegen das Holz. Boten einer Umweltkatastrophe, die der Hochwassernot folgen könnte.

Um auf die andere Seite der Flöha zu kommen, müssen die Olbernhauer viele Kilometer und sehr enge Straßen durch die Felder zurücklegen, denn die nächste noch befahrbare Brücke liegt im nächsten Tal. Und kurz vor dieser Brücke gilt es ein weiteres Hindernis zu überwinden: Ein Bach, gespeist aus dem Wasser aus den höheren Lagen, rauscht über den Asphalt, als wäre dieser sein Bett. Eine Menge Geröll bringt er mit. Mit Müh und Not bewegen sich die Fahrzeuge durch die großen Pfützen. „Muss sein", brummt Bauunternehmer Peter Mayer. Seine Leute – der Betrieb hat etwa 35 Mitarbeiter – stehen Gewehr bei Fuß. „Wenn das Wasser zurückgeht, müssen wir gefährliche Stellen sichern, müssen räumen, müssen sauber machen." In der Grünthaler Straße sind einige seiner Leute dabei, eine Gasleitung abzuklemmen. Vorgestern schon wurde die Straße von der Flöha unterspült, am gestrigen Morgen war sie dann eingebrochen. Die Asphaltlappen hängen in der Luft. Das gelbe Gasrohr zappelt wild im Strom. „Wenn Gas rauskommt, genügt ein Funke...", beschreibt Mayer die Lage. Aber seine Männer sind flink. Haben zwanzig Meter vor der aufgerissenen Straße ein Loch gegraben und das Rohr gekappt. Nun fließt kein Gas mehr durch das Rohr – auch nicht zu den Haushalten.

Fassungslos steht Albrecht Matthes vor dem Gebäude seines Arbeitgebers, einer Krankenkasse. Seine Beine stecken in hohen Stiefeln. Das Haus ist nur einen Steinwurf vom Gymnasium entfernt – und doch ganz weit weg. Denn dazwischen hat sich ja die Flut breit gemacht. Mal steigt sie, mal sinkt sie – und immer geht es ganz schnell. Matthes hält sich die Ohren zu. Das Unwetter hat die Alarmanlage ausgelöst. Der Schaltkasten ist im Keller. Und der Keller ist bis zur Straßenebene abgesoffen. Auch sonst geht nichts in der Geschäftsstelle: Kein Strom, kein Telefon. Zwei Kolleginnen von Albrecht Matthes kommen. Sie tragen Badelatschen. Doch nach Urlaub sieht es an diesem Tag wahrlich nicht aus. Es regnet und regnet und regnet. Böen peitschen durch den Ort. Äste liegen auf der Straße. Herausgerissene Steine. Scherben.

„Wir hatten nur wenige Minuten, aber die haben wir genutzt", lächelt Matthias Männlich, der „Gott sei Dank" Urlaub hat. Als die Flut kam, hat er schnell seinen kleinen Opel aus dem Hof gefahren, doch sein Motorrad konnte er nicht mehr retten. Heiko Lippmann, sein Nachbar aus dem Erdgeschoss, hatte weniger Erfolg. Die große Welle trieb seinen Peugeot vom äußeren Ende des Hofes bis ans Wohnzimmerfenster. Dann soff er leise ab. Ob und wie er versichert ist, das hat er noch gar nicht geprüft. „Keine Zeit. Später", sagt er. Dennoch quält ihn die Frage nach seinem Betrieb, einem kleinen Dachdeckerunternehmen. Papiere, Computer, Dateien – das Wasser hat alles zunichte gemacht.

„Die zweite Flutwelle Dienstagnacht war der Totmacher", schildert Marion Lissel, Inhaberin eines Olbernhauer Süßwarengeschäfts. An Nachbarn und Passanten verteilt sie Mozartkugeln, die sie aus ihrem Laden gerettet hat. Die Hälfte ihrer Waren konnte sie in Sicherheit bringen, bevor das Wasser kam. Den Rest hat sie verloren. „90 Prozent der Gewerbetreibenden haben keine Hochwasserversicherung", weiß Horst Jehmlich, der ein Floristikgeschäft in der überschwemmten Grünthaler Straße hatte und Vorsitzender der mittelständischen Wirtschaftsvereins in der Stadt ist. Wenn alles zu Grunde geht, wer soll dann noch Blumen kaufen?

Die Flöha in Olbernhau nimmt alles mit, was nicht niet- und nagelfest ist – auch Autos.

Sachsens Hochwasserpegel

Das sächsische Landesamt für Umwelt und Geologie betreibt in ganz Sachsen 108 Hochwasserpegel, mit denen die Wasserstände der wichtigsten Flüsse beobachtet werden. 97 dieser Pegel sind mit Fernmeldetechnik ausgestattet, das heißt, die Ablesung erfolgt nicht vor Ort am Fluss, sondern in einer Zentrale am Computer. Das Jahrhundert-Hochwasser vom August 2002 war auch für dieses ausgeklügelte Netz zuviel. Zahlreiche Pegel, insbesondere an der Elbe, fielen aus oder wurden ganz zerstört. In Golzern bei Grimma reichte die Höhe des Pegels nicht mehr aus. Erst nachdem per Hand eine neue Messlatte in die Mulde gerammt worden war, konnte der erschreckende Wasserstand in Zahlen gefasst werden: 8,68 Meter. Das war 1,50 Meter mehr als während des Extrem-Hochwassers von 1954.

Nicht weit entfernt schleppt der Dachdeckermeister Lippmann einen Generator herbei, den er bei einem Geschäftspartner aufgetrieben hat. „Strom und Telefon geht nicht, aber wir müssen wenigstens unsere Handys aufladen – für den Notfall.“ Er schaut auf eine alte Frau, die im Hintergrund steht. „Als die erste Flutwelle kam, haben wir Fenster und Türen eingeschlagen“, erzählt sein Nachbar Matthias Männlich. „Sonst wäre das Wasser die Treppe raufgestiegen.“ Es hätte sich zu dem alten Ehepaar emporgehoben, das zwischen der Familie Lippmann und dem Dachgeschossbewohner Männlich in der Mittelwohnung lebt. In sich gesackt sitzt der 78 Jahre alte Horst Grösel am Küchentisch. Um das Haus zu verlassen, müsste er über eine Feuerwehrleiter klettern. Das macht er nicht. Er sitzt einfach da und stört sich auch nicht mehr daran, dass sein Nachbar in Stiefeln durch sein Schlafzimmerfenster steigt, um ins Dachgeschoss zu kommen. Seine Frau sagt auch nicht mehr viel. „Furchtbar“, sagt sie nur. Ihre Augen liegen in tiefen Höhlen. „Furchtbar. Aber wir müssen jetzt zusammenstehen.“

Fassungslosigkeit in Olbernhau: Über diese Straße führt kein Weg mehr.

An der Flöha, dort wo das Wasser die Straße entzwei gebrochen hat, stiert Nicole Köhler in den Fluss und weiß nicht, ob sie weinen oder lachen soll. Sie schaut in die wütende, die brausende Masse. Auch sie hat alles verloren. Doch vor wenigen Tagen hat sie eine Versicherung gegen Hochwasserschäden abgeschlossen. Das ist ein großes Glück. Die Obdachlose ist zunächst einmal bei Verwandten untergekommen, und sie hat das wichtigste Gut, das ihr die Schöpfung mitgegeben hat, erhalten: ihr Leben, ihre Gesundheit.

Das bringt die junge Frau zum Lächeln. Und noch etwas berührt ihr Herz: „Die Katze saß auf dem Sofa und schwamm durchs Wohnzimmer. Bevor das Wasser zur Decke stieg, hat sie sich mit einem Sprung aus dem Fenster gerettet.“

Ein Schwein im Glück

Zumindest ein Schwein hat Schwein. Schauplatz Mulda im Landkreis Freiberg. Der Ort gehört zu denen, die am schlimmsten vom Hochwasser betroffen sind, wenn man überhaupt so einen Unterschied machen kann: Was ist schlimm, was weniger schlimm, angesichts der gigantischen Zerstörungen, die sich am Lauf der Flüsse und Bäche entlang durch die Dörfer ziehen? Nun, das Hausschwein in Mulda hat wirklich Glück. Eingeschlossen von Wassermassen und schon scheinbar rettungslos verloren, nimmt es all seinen Mut und seine Schwimmkünste zusammen, um ins Trockene zu gelangen. Mitten im überschwemmten Ort paddelt das Schwein bei heftiger Strömung quer durch die überflutete Muldenaue ans rettende Ufer.

Keiner weiß, wem das Tier gehört, wo es herkommt. Um das „Glücksschwein" kümmert sich in Mulda allerdings auch keine Sau – die Menschen sind, weiß Gott, viel zu beschäftigt mit sich selbst. Ein Opfer ist in Mulda zu beklagen.

Hilfe von oben: Hubschrauber des Bundesgrenzschutzes über Flöha.

Obwohl: Auch das ist im allgemeinen Chaos nicht sicher. Anwohner schwören, sie haben einen Mann gesehen, der an der Lichtenberger Straße in die reißende Mulde gestürzt ist. Eben stand er noch da, und dann plötzlich – nichts. Katastrophenstab und Polizei geben Entwarnung. In Mulda wird niemand vermisst. War das Ende des Mannes eine Sinnestäuschung, ein übler Scherz? Genau wird man es wohl nie erfahren. Der geheimnisvolle Fremde kann von überallher gekommen sein, und einmal im tosenden Wasser verschwunden, kann er nahezu überallhin gespült worden sein. Ein stummes Opfer, das irgendwo aus dem Schlamm gezogen wird.

Sachsen spricht von einer Jahrhundertflut. Freibergs Landrat Volker Uhlig findet diesen Begriff sogar verharmlosend. „Diese Unwetterkatastrophe wird als Jahrtausendhochwasser in die Geschichte des Landkreises Freiberg eingehen“, sagt er, als er die erste, schreckliche Bilanz ziehen muss: Mindestens zehn Brücken kaputt, 38 Straßen überschwemmt, viele davon sind einfach verschwunden. 90 Prozent der Haushalte sind ohne elektrischen Strom, in etlichen Orten wurde die Gasversorgung eingestellt, die Wasserversorgung ist ebenfalls gefährdet. Wenn das Pumpwerk Lichtenberg seinen Geist aufgibt, werden 110.000 Menschen kein Trinkwasser mehr haben, und falls der Damm der Talsperre Lichtenberg bricht ... dann gnade den Menschen an ihrem Fuße Gott.

Gott ist gnädig. Der Damm hält, die Pumpen arbeiten. Aber das ist nur ein schwacher Trost: Der Schaden in der Region Freiberg, so schätzt es Landrat Uhlig ein, liegt bei einer dreistelligen Millionensumme.

Am stärksten in Mitleidenschaft gezogen wird die Stadt Flöha, wo die Innenstadt bis zu 2,50 Meter unter Wasser steht. Über 90 Mitarbeiter vom Technischen Hilfswerk und 160 Bundeswehrsoldaten sind im Einsatz, um Dutzende eingeschlossene Einwohner zu bergen. Sogar 50 Taucher sind dabei. In Flöha herrscht extremer Ausnahmezustand; mitten in der Stadt könnte man das Hochwasser anstelle von Höhenangaben ebensogut mit Tauchtiefen beschreiben. Das klingt unglaublich, aber es ist die Realität. Nach der Flut fühlen sich die Menschen wie nach einem verlorenen Krieg. In den am schlimmsten vom Hochwasser betroffenen Gebieten der Stadt werden Notrationen verteilt. Inhalt: Ein Liter Milch, eine Tafel Schokolade, drei Flaschen Wasser, eine Banane und ein Toastbrot. Solche Bilder kennt man sonst nur aus Kriegs- und Katastrophengebieten, die weit entfernt, irgendwo auf einem anderen Erdteil liegen.

Eine vergleichbare Regenflut hat es im Freiberger Raum in den vergangenen 100 Jahren nicht gegeben, weiß Heinz Fischer aus Klingenberg/Colmnitz, der für die „Freie Presse“ seit Jahrzehnten das Wetter der Region beobachtet. „Die

Gebrochene Himmelsschleusen

Die Jahrhundertniederschläge haben Zinnwald einen neuen Rekord verschafft. Innerhalb von 24 Stunden prasselten auf die Stadt an der Grenze zu Tschechien 312 Liter Regen pro Quadratmeter nieder. Gemessen wurde diese Menge vom 12. bis zum 13. August (jeweils 7 Uhr). Das ist das Dreifache des monatlichen Durchschnittswertes. Rechnet man die Regenfälle aus der Nacht vom 11. zum 12. August noch hinzu, sind in Zinnwald binnen 36 Stunden 374 Liter Wasser pro Quadratmeter gefallen. Der bisherige Regen-Rekord wurde am 7. Juli 1906 in Zeithain (Landkreis Riesa) registriert: 260 Liter je Quadratmeter innerhalb von 24 Stunden.

Weitere Niederschlagsmengen während der „großen Flut“: Aue 160 Liter, Altenberg 253 Liter, Fichtelberg, 200 Liter, Marienberg 121 Liter, Oschatz 121 Liter, Dresden 182 Liter.

Regenmengen vom 12. August waren in den fast 100-jährigen Messungen der höchste Wert für einen Tag", sagt Fischer. Das ist zuviel Wasser, viel zu viel beispielsweise für die „Sandbank". Die Kleingartenanlage mit dem symbolträchtigen Namen in Conradsdorf wird von der Mulde vollständig verschluckt.

Mit entsetzten Blicken beobachten Einwohner von Großschirma und Rothenfurth die reißenden Wasser der Mulde. Mit Schlauchbooten holen Mitarbeiter des Technischen Hilfswerkes etwa 50 in ihren Häusern eingeschlossene Einwohner an Land. Bereits in der Nacht sind Anwohner gerettet und in die Grundschule in Sicherheit gebracht worden. In derselben Nacht werden neun Krummenhennersdorfer von der Feuerwehr mit Schlauchbooten aus ihren eingeschlossenen Häusern herausgeholt. Momentaufnahmen aus einer Region, die in den Fluten ertrinkt. Und kaum hört der Dauerregen auf, da brennt in Freiberg ein Haus. Das Feuer bricht im Dachstuhl des gerade frisch sanierten Gebäudes in der Fischerstraße 6 aus. Die Mieter – unter ihnen zehn Kinder – sind vom Hochwasser verschont geblieben. Nun quillt Löschwasser aus ihren Teppichen. Im Hintergrund ist das höhnische Lachen des Schicksals zu hören.

In Rechenberg-Bienenmühle steht der Steinmetz Walter Schubert nach 50 Jahren Arbeit vor einem Trümmerhaufen. „Was ich ein Leben lang aufgebaut habe, ist mit einem Mal vernichtet", zieht der 67-Jährige ein ernüchterndes Fazit. Sowohl in seiner Werkstatt als auch im Wohnhaus stand das Wasser der Mulde. „In der Werkstatt waren es 1,80 Meter, und der Schlamm ist immer noch da", weist der alte Mann auf die schmutzigen Rückstände. Er wollte seine Werkstatt an seinen Schwiegersohn übergeben, doch daraus wird nun wohl nichts. Hinter dem Haus sieht es aus wie nach einem Erdrutsch, und noch immer bahnt sich die Mulde ihren Weg gleich neben dem Grundstück. Auf 51.000 Euro beziffert der Steinmetz den Schaden in der Werkstatt, weitere 75.000 Euro kommen im Wohnhaus hinzu. „Wer bezahlt mir das Material für die Reparaturen?" fragt er und zuckt hilflos mit den Schultern. Ein einzelnes Schicksal inmitten von tausend ähnlichen.

Resignation und Verzweiflung wechseln sich in der Bevölkerung ab mit Hoffnung und Sarkasmus. Auch Tränen fließen. Mit allen verfügbaren Kräften versuchen in Erdmannsdorf die Be-

In Lichtenberg ist diese Straße unter der Wucht des Wassers einfach weggebrochen.

In Langhennersdorf bauen Matthias Kindermann, Fritz Seidel, Wolfgang Lößner und Hans-Jürgen Dietze eine provisorische Brücke.

treiber des Freibades inmitten von strömendem Regen und steigender Flut ihren Kiosk, das Schwimmmeisterhaus und den Beach-Volleyballplatz mit Sandsäcken zu schützen. „Die Kraft hätten wir uns echt sparen können", stellt Hans-Jürgen Böhm fest. Angesichts der verheerenden Zerstörungen zeigen sich auch Schaulustige, die vor ein paar Tagen noch als Badegäste hier weilten, frustriert: „Die Arbeit von sechs Jahren ist wahrlich den Bach runtergegangen." Der neue Sanitärbereich wird genauso überflutet wie der Volleyballplatz und der Kiosk. Im früher so sauberen Schwimmbecken schwimmt die schmutzige Zschopaubrühe.

Mehrere Hubschrauber sind über der Region im Einsatz. Sie bringen eingeschlossene Menschen in Sicherheit, transportieren Hilfsmittel. Und überall bietet sich den Helfern dasselbe Bild: ganze Ortschaften, halb versunken in Wasser und Schlamm. Flöha, Falkenau, Niederwiesa, Oederan, Lichtenberg, Bobritzsch und und und ... Auf der anderen Seite der Autobahn A 4 Frankenberg, Hainichen, Böhrigen, Ottendorf, Rochlitz, Penig, Lunzenau ... Nur in Atlantis soll es damals schlimmer gewesen sein. Aber Atlantis ist eine ferne Legende. Die Wirklichkeit ist hier und jetzt, an den Ufern der Mulde, der Zschopau, der Striegis, der Chemnitz und wie sie alle heißen, die Schläfer unter den Flüssen, die erwacht sind, um Angst und Schrecken zu verbreiten.

Andreas Schramm, Landrat von Mittweida und nun ebenfalls Leiter eines Katastrophenstabes, steht im Lagezentrum, die Ärmel hochgekrempelt. Die ersten Besprechungen mit seinen Krisenmanagern hat er schon am Montag gehalten, als der Regen noch vom Himmel stürzte und die Flüsse noch nicht aus ihren Betten ausgebrochen waren. „Von der Sprengkraft der eintretenden Ereignisse war da nichts zu ahnen", sagt Schramm. Später können auch 97 Feuerwehren mit 1200 Mann den Landkreis Mittweida nicht vor der großen Flut retten.

Nicht nur die Mitglieder der Katastrophenstäbe, sondern schlichtweg niemand hat auch nur im Entferntesten geahnt, welche Wucht die Flutwelle entfalten würde. In der Bevölkerung freilich wird in den Tagen danach Kritik laut. Man sei zu spät informiert worden, oder überhaupt nicht. Kaum jemand habe sich auf das Hochwasser vorbereiten können. Marga Klink etwa, eine Seniorin aus Lichtenberg, äußert stellvertretend für viele Leute in ihrem Heimatort Unverständnis darüber, dass die Landestalsperrenverwaltung erst sehr spät das Signal zum Ablassen der Talsperre Lichtenberg gegeben habe. „Die Mulde war am Sonntag noch fast leer. Schon da hätte man etwas unternehmen müssen. Denn dass viel Regen kommt, war bekannt", empört sich die 73-Jährige.

Doch in all dem Chaos, der Verzweiflung und der Wut gibt es auch immer wieder Geschichten, welche die Menschen glauben lassen, dass das Glück sie nicht gänzlich verlassen hat. Die Miniatur-Häuser des kleinen Erzgebirges in Oederan werden durch Vereinsmitglieder in Sicherheit gebracht, so dass der Park wenige Tage später wieder öffnen kann. „Wenn wir das nur mit richtigen Häusern hätten machen können", sagt einer der Helfer.

Und in Mulda ist am Ende dann doch nicht nur das Schwein im Glück. Auch Bino, ein Hund. Seine Besitzer, Margit und Udo Persdotter, werden durch einen Hubschrauber von Dach ihres Hauses gerettet. Bino darf nicht mit ins Tragegeschirr. Winselnd bleibt er zurück. Doch sein Frauchen lässt sich später in der riesigen Schaufel eines Kranladers übers Wasser heben und holt den Hund aus dem Haus. Kaum hat er sicheren Boden unter den Pfoten, stillt Bino seinen Durst – mit Hochwasser von der Straße. Es ist, als wolle er sich bedanken, indem er das überflutete Dorf leer trinkt.

Kein Weg über das Wasser: eingestürzte Brücke in Flöha.

Die Spur der schwellenden Flut

Das Leben ist manchmal voll beißender Ironie. Als der Regen kam, war Rolf Mielich im Garten hinter seinem Haus dabei, ein Drainagesystem zu planen. Jetzt watet er in Gummistiefeln über seine Wiese, und der Moosbach hier in Grünhain ist so voll, dass er das Wasser aus der Drainageleitung ohnehin nicht abgeleitet hätte. Über Nacht wurde aus dem murmelnden Bach ein wildes Wasser, das auch Mielichs kleine Brücke fortgerissen hat. Die hatte sich der Grünhainer aus soliden Stahlträgern und Holzbohlen gebaut, um nicht jedes Mal den Umweg über die reguläre Brücke nehmen zu müssen. Am Morgen nach der Flut war das Bauwerk fort.

„Komm rüber, schwimmen", ruft Rolf Mielich einer Nachbarin zu. „Wir brauchen uns nicht mal zu bewegen. Das Wasser schleppt uns mit." Aber er weiß, dass er schamlos übertreibt. Die Klosterstadt im Landkreis Aue-Schwarzenberg hat die Wut des Unwetters wenig zu spüren bekommen. Sicher, auch hier sind mehrere Keller vollgelaufen, und den Betroffenen ist es genauso schlimm ergangen, wie Zehntausenden anderen in der Region, doch aus der Vogelperspektive betrachtet, ist Grünhain gut davongekommen.

Das ist das Brutale an dieser Flut: Menschen, deren Häusern nicht das Geringste passiert ist, können nur schwer glauben, dass ihre Nachbarn vor dem Ruin stehen. Aber es gibt solche sicheren Orte. Wer in den Tagen des Hochwassers den Verkehrsfunk hört, erhält zunächst Informationen zu überfluteten Straßen. Dann folgen, als gäbe es in Sachsen keine Katastrophe, die War-

Totalschaden: In der Papierfabrik Sachsenfeld in Schwarzenberg stand diese Lagerhalle unter Wasser.

nungen vor den Blitzgeräten der Polizei und der Landratsämter. Eine ganze Menge davon. Städte, durch die nur der Alltag fließt.

Grünhain also hat Glück gehabt. Doch nur einen Kilometer weiter im Oswaldtal ist die Landschaft schwer verwüstet. Hier, im Naherholungsgebiet Waschleithe, ist aus dem Oswaldbach ein Strom geworden, der Bäume reihenweise entwurzelt hat. Gärten und Höfe stehen unter Wasser, die Straße ist geflutet. Aber das wiederum ist nichts, verglichen mit der Lage weiter flussabwärts am Schwarzwasser in Schwarzenberg, wo der Schlamm nach der Flut in den Höfen klebt. Gleich daneben, in Erla, steht Lotte Müller vor dem Nichts. Das Haus der 79-Jährigen ist so stark beschädigt, dass es wohl unbewohnbar bleiben wird. Der alten Frau ist nur das geblieben, was sie am Leibe trägt, als sie aus ihrer Wohnung gerettet wird.

Im Raum Schwarzenberg sind Tausende Menschen vom Wasser betroffen. Trotzdem muss Landrat Karl Matko um das Verständnis der Einwohner in dieser Kreishälfte bitten: Die Einsatzkräfte können sich nicht um alles und schon gar nicht sofort darum kümmern, denn der Schwerpunkt des Kampfes gegen das Wasser liegt im anderen Teil des Kreises, in Aue, das ungleich schwerer getroffen worden ist.

Die Spur der schwellenden Kraft des Wassers wird von Kilometer zu Kilometer bedrohlicher. Eine dieser Strecken, entlang der sich die Wucht aufgebaut hat, führt vom Grünhainer Moosbach in den Oswaldbach und weiter zum Schwarzwasser, durch Schwarzenberg bis hinunter in das Tal, in dem die Kreisstadt Aue liegt. Hier ist die der Flut innewohnende Gewalt endgültig explodiert. Aue ist Katastrophengebiet. Ganze Straßenzüge der Innenstadt sind unpassierbar. Parterrewohnungen werden überflutet, im kniehohen Wasser auf der Straße treiben am Morgen des ersten Tages Lebensmittel aus den Läden. Am Montag nachmittag sind Teile von Aue in den Fluten versunken, aber das Wasser hat noch nicht genug. In der Nacht zum Dienstag schäumt die zweite Flutwelle heran.

Katastrophen-Touristen

Die größte Gefahr war kaum vorüber, da tauchten sie auf, die Katastrophen-Touristen: Männer und Frauen, bewaffnet mit Fotoapparat und Videokamera, oft ihre Kinder im Schlepptau. In Aue, Flöha oder Dresden versuchten sie den besten Blick auf das herrschende Chaos zu erhaschen. Die Neugier ist nachvollziehbar; die Auswirkungen eines Jahrhundert-Hochwassers erlebt man wahrscheinlich nur einmal im Leben. Dennoch: die Schaulust kann teuer werden. Behindern Katastrophen-Touristen den Einsatz der Hilfskräfte, reichen die Strafen von Platzverweisen bis zu Bußgeldern in Höhe von etwa 5000 Euro. Letztere werden in der Praxis allerdings kaum angewandt, weil die Einsatzkräfte im Ernstfall Wichtigeres zu tun haben, als die Personalien von Störenfrieden festzustellen.

Wer rettet die Retter? In der Auer Neustadt ist ein Bundeswehrlaster beim Evakuieren von Kindern auf dem ausgespülten Fußweg eingebrochen.

Auf dem Rewe-Parkplatz in Raschau-Grünstädtel gibt es kein Entkommen mehr.

„Das Wasser stieg, während wir schliefen", erzählt ein Mann aus der Auer Neustadt, dem am schwersten betroffenen Stadtteil. Mit Daumen und Zeigefinger gibt er eine winzige Spanne an: „Nur so viel fehlte bis zur Steckdose." Er und seine Frau haben Glück im Unglück. Die Wohnung im ersten Stock steht leer. Dorthin retten sie ihre Möbel. Vielen Nachbarn ergeht es schlechter; ihre Einrichtungen sind hin.

Schlimme Gerüchte kursieren: Sieben Menschen in Aue und Umgebung seien tot, fünf Kinder würden vermisst. Nichts davon ist wahr, aber dieser Sintflut trauen die Betroffenen alles zu. Und es ist nicht die Mulde, die ebenfalls durch Aue fließt, die die stärksten Verwüstungen hinterlässt. Es ist das kleinere Schwarzwasser, das ansonsten eher still ist und nicht sehr tief.

Dann ist es vorbei. Schon am Mittwoch sind die Straßen nicht mehr von Wassermassen blockiert, sondern von Schlamm und schweren Baufahrzeugen. Das Aufräumen beginnt, und plötzlich ist Aue eine geteilte Stadt. Auf der Hauptstraße rollt der Verkehr, die Schaulustigen sind von den Brücken verschwunden. Man könnte glauben, hier sei nichts passiert. Aber die Normalität reicht nicht sehr tief in die Stadt hinein. Da ist diese Häuserzeile im Zentrum. Auf der einen Seite, am Busbahnhof, geht das Leben seinen geregelten Gang. Die Läden sind geöffnet, es sieht aus, als habe es nie eine Flutkatastrophe gegeben. Auf der Rückseite derselben Häuserzeile, in der Bahnhofstraße, herrscht Ausnahmezustand. Männer und Frauen waten im Schlamm. Sie haben Schaufeln in den Händen und – wo diese nicht ausgereicht haben – Schneeschippen. Mehr als ein Dutzend Läden sind hier zerstört, in ganz Aue eine noch nicht bekannte Zahl von Wohnungen.

Ein Landrover biegt um die Ecke. Drei junge Männer sind an Bord, zwei Notstromaggregate und fünf Pumpen. Freiwillige Helfer. Sie kommen aus Grünstädtel, einem Ort, der 15 Kilometer entfernt liegt. Enrico Hoffmann heißt der Fahrer. Der Geländewagen gehört seiner Firma, der BTH-Elektrowerkstatt aus Schwarzenberg. „Fahr' los und sieh zu, dass du irgendwo helfen kannst", hat der Chef gesagt. Enricos Freunde Heiko Prassser und Udo Herrmann haben sich angeschlossen; ein Kraftfahrer und ein Dachdecker. „Auf Arbeit", sagt Heiko, „läuft sowieso nichts. Aber hier können wir anpacken." Sie fahren in ihrem Geländewagen durch die Katastrophengebiete, suchen jedesmal einen Einsatzleiter und verlangen eine Liste mit Aufgaben. Erst haben sie in Grünstädtel Keller ausgepumpt, dann in Schwarzenberg, nun in Aue.

Verkäuferinnen waschen ihre Läden aus. Nicht jede weiß, ob sie noch Arbeit hat, wenn erst das Ausmaß des Schadens feststeht. Auch der Betrieb der Weberei in Aue, die 120 Menschen Lohn und Brot garantiert hat, steht auf Messers Schneide. „Wir wissen nicht, wie und wann die Produktion wieder anlaufen kann", sagt Geschäftsführer Gert Bauer. „Unsere Existenz ist gefährdet." Mancher weiß nicht mal, ob er noch eine Existenz hat. „Ich habe ja keine Versicherung", sagt ein Mann, dessen Möbel zerstört sind. Bürgermeister Heinrich Kohl hat im Rathaus eine Stelle eingerichtet, wo sich Hochwasseropfer registrieren lassen können, damit es später, wenn die Hilfsleistungen der Regierung zur Verfügung stehen, rasch geht. Doch Zusagen, wer wieviel bekommt, können nicht gegeben werden. Zu diesem Zeitpunkt ist nicht einmal sicher, ob überhaupt Geld fließt.

Vor einer Gaststätte haben Anwohner und Wirtsleute auf der Straße Stühle aufgestellt, einen großen Tisch und einen Holzkohlegrill. Männer, Frauen, Kinder essen Roster. Dann schaufeln sie den Schlamm aus ihren Kellern. Auf dem Schild über dem Eingang steht „Happy Day". Glücklich sind die Leute nicht, aber es muss ja weitergehen. Ein einsamer Sonnenstrahl bricht durch die Wolken. „Jetzt wird es gemütlich", ruft einer der Männer. Er zahlt es dem Leben mit Ironie heim.

Und so hart es klingen mag: Aue hat es wenigstens hinter sich. Während im Westerzgebirge aufgeräumt wird, hört das Wasser anderswo nicht auf zu steigen. In Grimma und der Sächsischen Schweiz rollt Flutwelle auf Flutwelle heran. Ein Ende ist nicht abzusehen.

Warum die Flut noch größer geworden ist

Das Jahrhundert-Hochwasser in Sachsen war nicht aufzuhalten. Trotzdem: Vor zehn Jahren wären die Auswirkungen vielerorts weniger drastisch ausgefallen. Ursache für Überschwemmungen sind nämlich nicht nur enorme Regenmengen, sondern auch die Unfähigkeit des Bodens, all das Wasser aufzunehmen. Wo sich früher Wiesen befanden, stehen heute Gewerbe- oder Wohngebiete mit asphaltierten Oberflächen. Regen, der hier fällt, versickert nicht. Das Wasser wird stattdessen über die Kanalisation dem nächsten Fluss zugeführt. Oft sind die Kanäle durch andauernde Bauarbeiten in der Region verstopft, und es kommt gleich an Ort und Stelle zur Überflutung von Straßen und Wegen, ehe das Wasser den Weg zum Bach findet. Einige Zahlen des statistischen Landesamtes in Kamenz: 1993 hatte Sachsen 104.000 Hektar Wohngebiete. 2001 waren es schon 119.000 Hektar. Die versiegelte Fläche von Straßen, Wegen, Plätzen stieg von 54.000 Hektar auf 59.000 Hektar.

Eingeschlossen im Kirchenschiff

Am Blauen Wunder in Dresden – und das war noch nicht der höchste Stand der Elbe in diesen Tagen.

Die Schulstraße gibt es nicht mehr. Dort, wo sie sich durch die Grimmaer Altstadt zog, klafft ein metertiefer Graben. Kabel und Rohre ragen gespenstisch aus dem Boden. Die angrenzenden Häuser gleichen Ruinen. Ein kleines Gebäude hat seinen Vorderflügel verloren. Jeden Moment scheint es einzustürzen. Autowracks überall, Pflastersteine, Müll und Schlamm.

Es ist Dienstag, der 13. August. Stündlich steigt das Wasser um 30 Zentimeter. Pegel spielen keine Rolle mehr. Längst sind die Marken vergangener Hochwasser überschritten. Die Innenstadt ist komplett überflutet. Die Feuerwehr und das Technische Hilfswerk versuchen seit den Morgenstunden, eingeschlossene Bewohner mit Booten zu evakuieren. Nicht anders in der Muldestadt Eilenburg. Dort werden 10.000 Menschen aufgefordert, sich vor den drohenden Fluten in Sicherheit zu bringen. Nicht jeder folgt dem Aufruf, nicht jeder lässt sich retten. Denn die Angst vor Plünderungen geht um.

In Grimma blickt eine Frau bange auf den Kirchturm. Es ist der Turm der Eingeschlossenen. Ein Baby und über 50 weitere Menschen sind dort seit Stunden vom festen Land abgeschnitten. Die Feuerwehr versucht, Nahrung und Kleidung in die Frauenkirche zu bringen. Aber es gelingt nicht. Die Strömung ist zu stark. Ruderboote lassen sich nicht mehr einsetzen. Motorboote kommen besser voran. Doch dann verfängt sich eine Schraube in einem gesunkenen Auto, welches das Boot bei der Fahrt durch die Innenstadt streift. „Die Wagen können wir doch gar nicht mehr sehen“, ruft ein Freiwilliger des Technischen Hilfswerks erschrocken. Nein, können sie nicht. Die Fahrzeuge liegen auf Grund.

Am Nachmittag geht in Grimma das Gerücht um, die Bundeswehr wolle mit motorisierten Spezialbooten einrücken. Dann tauchen die Männer in Uniform tatsächlich auf. Mit strömungssicheren Booten evakuieren sie die Kirche. Auch das Baby wird gerettet. Gott sei Dank.

Hubschrauber kreisen über die Stadt. Das Hochwasser steht bei einigen Häusern bis zum Dach. Am Abend stürzen die ersten Häuser ein, völlig durchweicht, als seien sie aus Pappe. Übermannshoch wälzen sich die Wassermassen durch die Straßen. Die Altstadt – ein reißender Strom. Während sich die Situation in den höheren Lagen des Erzgebirges und an den Talsperren schon leicht entspannt, klettern die Pegel von Mulde und Elbe weiter. Endzeitstimmung kommt auf.

Spätestens zu diesem Zeitpunkt ist klar, dass es sich um ein Jahrhunderthochwasser handelt. Mehrere Tote, viele Vermisste, abertausende Evakuierungen und unüberschaubare Millionenschäden: Auf den Autobahnen und im Schienenverkehr geht vielerorts nichts mehr. Sachsen wird von einer der verheerendsten Hochwasserkatastrophen seiner Geschichte heimgesucht. Mehrere 10.000 Helfer sind im Einsatz – Grenzschützer, Soldaten, Feuerwehrleute und Spezialisten vom Technischen Hilfswerk. Sie tun, was sie können. Sie geben ihr Letztes. Sie halten durch.

Politiker kommen und sagen die Wahrheit. Aus der sächsischen Regierung hört man, das Schlimmste sei zu befürchten – als sei das alles nicht schon schlimm genug. Doch die Warner behalten recht: Die Katastrophe wächst sich weiter aus. Notstand fast im ganzen Land. Noch immer sind ganze Ortschaften von der Außenwelt abgeschnitten. An Schule ist eigentlich nicht mehr zu denken. Das sächsische Kultusministerium zieht einen Strich: Schulfrei im ganzen Freistaat. Kein Schüler, kein Lehrer soll sich unnötig in Gefahr begeben.

Und die Politiker – was sollen sie tun? Kommen sie in Stiefeln, Wetterjacken und einem Schwarm von Fotografen an die Orte des Grauens, geraten sie in Verdacht, Stimmen für die Bundestagswahl einheimsen zu wollen. Kommen sie nicht, sieht das aus wie Fahnenflucht. Am frühen Mittwochnachmittag tauchen für eine Stunde Bundeskanzler Gerhard Schröder und Sachsens Ministerpräsident Georg Milbradt auf. Schröder hat keine Stiefel dabei – er borgt sich welche vom Katastrophenschutz. Die beiden schütteln viele Hände, blicken in übermüdete und tränengefüllte Augen, wechseln ein paar Worte. Es ist wichtig, Mut zuzusprechen.

Grimma: Rettung in letzter Minute.

In Berlin sitzen die Experten schon an den ersten Hilfsprogrammen. Und geben eine erste Zahl raus: 100 Millionen Euro Soforthilfe. Schröder nennt die Summe, schaut auf die Hochwasser-Ruinen und gesteht: „Ich habe Zweifel, ob das reichen wird." Einen Tag später räumt er ein: Der Wiederaufbau wird Milliarden kosten.

Überflutetes Büro in der Abwassergesellschaft in Weidensdorf.

Auch die Beamten des Freistaates Sachsen haben schon damit angefangen, eilig die Mittel durchzurechnen. Auch hier wird das Versprechen gegeben, schnell und unbürokratisch zu helfen. Betroffene Haushalte sollen bis zu 2000 Euro erhalten.

„Gut, dass Schröder und die anderen das Elend hier sehen", meint Ines Richter. Sie steht vor den Trümmern ihrer Existenz. Eine kleine Parfümerie hatte sie eröffnet. Jetzt liegt das Interieur zusammen mit Bergen von Flakons, Seifendosen und Cremeschachteln im Flur ihres Geschäftes, vermischt mit Schlamm und Müll. Schräg gegenüber beim Optiker schippt Christian Beckel Dreck. „Hoffnung auf Hilfe haben wir kaum", winkt der Sohn des Inhabers ab. Er glaubt, dass das Geld von Bund und Land gerade mal reicht, um in den vielen vom Hochwasser betroffenen Städten die Straßen wieder einigermaßen herzurichten. Eine alte Frau, die sich bei einem Mädchen unterhakt, weint leise. „Alles hin, alles ist hin", sagt die jugendliche Begleiterin. Fassungslose Gesichter.

Fassungslosigkeit im ganzen Land. In Dresden heulen die Sirenen, Rettungshubschrauber kreisen, Telefonleitungen brechen zusammen und aus den Steckdosen kommt kein Strom, weil die Umspannwerke umspült sind. Im Rathaus sind die Lichter ausgegangen.

Nur noch Wasser, überall Wasser. Teile der Semperoper, die eigentlich am Abend mit „Schwanensee" die Saison eröffnen wollte, sind überflutet. Auch der Zwinger-Innenhof meldet „Land unter". Der Landtag wird zugemauert – nicht, um die Politik mundtot zu machen, sondern nur, um die Wassermassen fernzuhalten. In der Gemäldegalerie „Alte Meister" im Zwinger werden Kunstschätze von fast unermesslichem Wert gesichert. All das Mühen beeindruckt die Elbe nicht. Sie steigt weiter.

Und legt die zivilisatorische Kommunikation lahm. Wie im Ballungsraum Chemnitz bricht in der Landeshauptstadt das Telefonnetz teilweise zusammen. Der Hauptbahnhof ist überflutet, die Stadt vom Fernverkehr abgeschnitten. Und während man sich weiter nördlich in Sachsen-Anhalt auf die Flut vorbereitet, ist in Dresden noch lange nicht das Schlimmste überstanden. Die Menschen wissen es nur noch nicht. Erste Pläne für die Evakuierung von Krankenhäusern werden vorbereitet.

In Freital, das unmittelbar neben Dresden liegt, ist schon das Ende aller Planspiele gekommen: Wie tags zuvor im erzgebirgischen Olbernhau muss das Krankenhaus evakuiert werden. Ganz schlimm kommt es in den Landkreisen Sächsische Schweiz und Weißeritzkreis. Hunderte Menschen müssen ihre Häuser aufgeben. Im Pirnaer Stadtteil Zuschendorf verwandelt sich die Seidewitz in einen reißenden Strom und reißt ganze Teile von Häusern mit.

Bald muss auch Dresden die ersten Krankenhaus-Patienten aus den Betten holen. In der Dresdner Friedrichstadt hat sich das Wasser die ersten Straßenzüge genommen und dringt in die Keller des Hospitals ein. Dem Krisenstab schwant Schlimmes. Sicher ist sicher, sagt man sich. Und: Zuallererst die Schwächsten, und das sind 400 Intensivpatienten.

Die Bundeswehr bietet ihre Hilfe an. Am Mittwoch starten ein Airbus und eine Transall. Beide Maschinen sind schon eingerichtet für die Evakuierung von Kranken und Verwundeten. Vier weitere Transall kommen mit 30 Liegen für die nicht ganz so dramatischen Fälle. Die Flugzeuge bringen die Patienten unter anderem in Berliner, Nürnberger und Kölner Krankenhäuser. 72 Ärzte und Sanitäter begleiten die Transporte. Neben der Hilfe aus der Luft kommt auch Rettung vom Boden. Am Donnerstag startet im bayerischen Hof ein riesiger Rotkreuz-Konvoi mit rund 500 Fahrzeugen, um den Sachsen beizustehen.

Derweil entschärft sich die Lage in anderen Gebieten Sachsens. Einige Städte sind haarscharf an der Katastrophe vorbeigeschliddert. Gewiss, in Leipzig, Zwickau oder Glauchau kann die Kanalisation das Wasser nicht mehr halten. Abflussrohre und Gullis laufen über. Keller und Tiefgaragen, Gärten und Straßenunterführungen stehen unter Wasser. Der Öffentliche Nahverkehr läuft aus dem Ruder. Und zahlreiche Bewohner, die nahe an Flüssen und Bächen wohnen, werden nicht minder schlimm erwischt als all die vielen Opfer in den Brennpunkten der Jahrhundertkatastrophe.

Doch während die Sachsen im Westen des Landes schon aufräumen, sinkt Dresden immer tiefer in die Katastrophe. „Ich bin am Ende“, stammelt Herbert Büller, der in der stark mitgenommenen Friedrichstadt in seine Etagenwohnung zurückgekehrt ist. Das Wasser steht nach wie vor in den Straßen, Autos ragen mit dem Dach aus der faulig riechenden Brühe. Der Anblick des unter Wasser stehenden Hausrats macht Herbert Büller fassungslos. Er wendet sich ab. Er will alleine gelassen werden.

Panzer der Bundeswehr helfen beim Aufräumen in Schlottwitz bei Pirna.

Am Freitag, dem 16. August, erreicht der Elbepegel morgens um 3 Uhr den Rekordstand von 8,77 Metern aus dem Jahr 1845. Um 10 Uhr liegt er schon bei 9,13 Meter. Ein weiteres Krankenhaus mit rund 300 Patienten muss evakuiert werden. Aber der Höhepunkt ist noch immer nicht erreicht. Die Evakuierungen laufen auf Hochtouren. Bis auf 9,40 Meter wird der Fluss am Sonnabend steigen. Tausende müssen an diesem Tag ihre Wohnungen verlassen.

Schreckliche Erinnerungen werden wach. „Es ist wie im Krieg.“ Unter der älteren Bevölkerung Dresdens ist dieser Satz immer häufiger zu hören. Zu den Zerstörungen des Krieges gehören auch die Flüchtlingslager. In der benachbarten und bereits teilweise überfluteten Stadt Pirna beginnt die Bundeswehr mit dem Aufbau einer Zeltstadt für rund 10.000 Menschen ...

Erste Bilanz

2002 wird ein schlechtes Erntejahr – das war den meisten Landwirten schon im August klar. „Für einige Bauern wird es existenzbedrohend", sagt der Vizepräsident des Sächsischen Bauernverbandes, Wolfgang Vogel, Anfang August, als von einer Hochwasserkatastrophe in Sachsen noch keiner sprach.

Nun liegen die Dinge weitaus schlimmer. Nach drei Tagen Hochwasser ist dem Sächsischen Bauernverband klar: Der Schaden lässt sich nur in Millionen beziffern. Man müsse in den kommenden Wochen auf einen günstigen Witterungsverlauf, viel Sonne und trockenen Wind hoffen, erklärt Wolfgang Vogel. Nicht zu bezahlen ist der Schmerz, den der Landwirt empfindet, wenn er den Weizen unterpflügen muss, den er eigentlich ernten wollte.

Manfred Goedecke von der Industrie- und Handelskammer Südwestsachsen will sich am Ende der ersten Hochwasserwoche zwar nicht auf einen Betrag festlegen, aber von Millionenschäden für die Unternehmen redet auch er. Den Betrieben der Region Chemnitz – Zwickau – Plauen entstünde mindestens ein Schaden im dreistelligen Millionenbereich, sagt Goedecke. Besonders schlimm seien die vielen, kleinen Unternehmen betroffen, die weniger als 20 Mitarbeiter beschäftigten. Es sei zu diesem Zeitpunkt noch völlig unklar, wer von diesen Mittelständlern den Mut aufbrächte, weiterhin unternehmerisches Risiko zu tragen. Fest stehe, dass die Region um Jahre, vielleicht sogar um Jahrzehnte zurückgeworfen werde.

„Die Fördergelder werden auf keinen Fall reichen", ist sich Goedecke sicher. Er könne sich ein zeitlich begrenztes Notopfer vorstellen, an dem alle Menschen in Deutschland beteiligt werden. Das würde vielleicht helfen.

Erste Hilfe von staatlicher Seite erreicht die Menschen durch ein Soforthilfepaket im Wert von 500 Millionen Euro. Davon gehen unter anderem 100 Millionen Euro an Menschen, die gegen die Schäden nicht versichert sind und diese nicht aus eigener Tasche begleichen können. 25 Millionen Euro werden für Infrastrukturschäden ausbezahlt, 10 Millionen Euro für Ernteausfälle. Außerdem sammeln zahlreiche Organisationen Spenden – die Solidarität scheint grenzenlos. Auch auf den Straßen der betroffenen Orte bieten sich immer wieder Passanten an, Säcke zu schleppen oder Kaffee zu kochen.

Die Münchener Allianz-Versicherung rechnet bei dem Hochwasser mit weitaus größeren Versicherungsschäden als bei der so genannten Jahrhundert-Flut an der Oder 1997. Damals hatte der Konzern Schäden von rund 6,5 Millionen Euro reguliert. Diesmal hat das Hochwasser in Ostdeutschland aber viel größere Landstriche überschwemmt. Unabhängige Experten sind sich einig, dass der Gesamtschaden im Milliarden-Bereich liegt.

Das Jahrhunderthochwasser von Elbe, Donau, Mulde und anderen Flüssen in Süd- und Ostdeutschland hat über 100.000 Einwohner aus ihrem Heim vertrieben. Viele von ihnen haben ihr gesamtes Hab und Gut verloren. Die Schäden sind dramatisch. Und das Schlimmste: Als die Elbpegel zu sinken beginnen, sind 15 Todesopfer zu beklagen.

Pirk, Marienberg und Umgebung

Pirk:
Am 13. August läuft die Talsperre über. Pro Sekunde stürzen 35 Kubikmeter Wasser zu Tal. Verstärkung für die Flut, die ohnehin rollt.

Wassermassen wälzen sich durchs Gebirge auf die Städte zu und schneiden die Verbindung zwischen den Orten ab, auch hier im Hüttengrund.

Brücken brechen ein, wie hier beim Ausflugsziel Rätzensbrettmühle im Mittleren Erzgebirgskreis.

Bilder aus Olbernhau und Umgebung

Ende der Durchfahrt. Brücke in Hallbach.

Einstürzende Existenz: ein Haus, stundenlang der Strömung ausgesetzt und dann zusammengebrochen.

Erst unterspült, dann weggerissen: Die Grünthaler Straße.

Wellen so hoch wie im Meer.

Wie Sisyphus gegen die Flut.

Warten, dass das Wasser sinkt.

Chemnitz und Umgebung

links oben:
Das Wasser geht – das Aufräumen beginnt in Wolkenburg bei Limbach-Oberfrohna.

links unten:
Schlamm – Hinterlassenschaft des Hochwassers in Niederlungwitz, Straße des Friedens.

rechts oben:
Kein Strand-, sondern Brückengut. Die Hängebrücke in Wolkenburg am dritten Tag.

rechts unten:
Hinter dem Ende der Straße.

Retten, was zu retten ist in Lichtenberg

Hier fährt auch nach dem Hochwasser kein Auto.

Brunhilde und Elfriede Würdig müssen zusammen mit vielen anderen in der Lichtenberger Schule übernachten. Ihr Haus steht unter Wasser.

Flöha und Umgebung

Der kleine Ort Mulda gehört zu denen, die im Landkreis Freiberg am schwersten getroffen wurden.

Die Stadt Flöha versinkt im Wasser. Dieses Auto an der Lammbrücke wurde nicht etwa überflutet. Es wurde angeschwemmt.

Die Retter rücken an. Bundeswehr-Lastkraftwagen in der Augustusburger Straße, Flöha.

links oben:
Lieber nasse Füße als nasse Schuhe. Stellenweise sind Stiefel nicht genug.

links unten:
Tonnenweise Schlamm im Lößnitztal.

rechts oben:
Auch die Armee wird überrascht. Der Motor des Geländewagens ist abgesoffen.

rechts unten:
In der Rochlitzer Brückenstraße steht das Wasser hüfthoch.

Das Motor-Schiff „Hainichen“ ist an der Talsperre Kriebstein gekentert. Beim Sturm war im Hafen ein Stahlseil gerissen.

Bestandsaufnahme in Zaßnitz. Der Hausrat aus den unteren Stockwerken ist zum Sperrmüll geworden.

Ein Hof voller Treibgut in Dittersdorf an der Zwönitz.

Hochwasser-Patrouille an der Rolle-Mühle in Waldkirchen.

Kaum weicht das Wasser, sind in Zschopau die ersten Helfer mit Schaufeln zur Stelle.

Dicker Fang in Drebach, ganz ohne Angel. Der 40 Kilogramm schwere Wels wurde Marc Richter (l.) in den Garten gespült.

Nach der Flut in Tannenberg: Matthias Müller und sein Sohn Martin räumen Treibgut am Tröger-Brück'l auf.

Irgendwo hier war die Alberodaer Straße in Aue.

links oben:
Der Platz am Fuße des Casinoberges (B 169) in Schneeberg ist verloren, die Straße zum Teil eingebrochen.

links Mitte:
Der Rohbau der neuen Schiller-Brücke in Aue, weggerissen von der Mulde.

links unten:
Die Auer Bahnhofstraße, überflutet vom Schwarzwasser. Und es regnet weiter.

Helfer auf dem Weg in die überflutete Neustadt.

Chaos nach der Katastrophe: Die McPaper-Filiale in der Auer Bahnhofstraße.

Das Aufräumen beginnt. Der Auer Ringer Olaf Brandt ringt um seine Pizzeria.

Knöcheltiefer Schlamm, die Bahnhofstraße in Aue ist voll davon.

Weißbach: Roswitha Teubert watet fassungslos durch ihr zerstörtes Wohnzimmer. 30 Zentimeter hoch stand das Wasser.

Die Moseler Straße in Zwickau-Pölbitz: Gerade noch so ein Spaß für Steppkes.

Die Pumpen im Klärwerk Oberrothenbach sind ausgefallen. Das Abwasser fließt vorübergehend unbehandelt in die Mulde.

Christina und Jürgen Braun werden aus ihrem Haus an der B 175 zwischen Waldenburg und Glauchau evakuiert.

Die Kleingartenanlage der „Gartenfreunde Remse“ bietet ein Bild des Schreckens. Barbara Labrenz und Christian Wobst machen sich trotzdem ans Aufräumen.

Die Einfahrt zum „Kaufland“ Glauchau – jetzt ein Hafen.

An der B 175 gilt jetzt das Motto „easy shipping“.

unten: Im Schlauchboot unterwegs durchs Glauchauer Gewerbegebiet.

unten rechts: Kfz-Meister Andreas Meier im überschwemmten Büro seiner Werkstatt in St. Egidien.

Meißen

Diese Hochzeit ist ins Wasser gefallen: Das Paar wurde in Meißen aus den überfluteten Straßen evakuiert.

Grimma

Land unter.

„Wie im Krieg." Dieser Satz fällt vielen Menschen ein, wenn sie ihrem Entsetzen Ausdruck verleihen.

Bundeskanzler Gerhard Schröder besucht Stätten der Verwüstung.

Dresden

Der Pegel an der Augustusbrücke in Dresden steigt und steigt.

Verzweifelte Versuche, die im Wiederaufbau befindliche Frauenkirche in Dresden zu schützen.

Östlich von Dresden: Die Elbelandschaft eine Seenlandschaft.

Dresden - eine Stadt versinkt.

Helferpause vor einer Elbbrücke.

An der Brühlschen Terrasse: Helfer-Los.

Dresden, Münzgasse: Sachsen kämpft vereint.

Die Bundeswehr fliegt mit einem umgebauten Airbus Patienten aus evakuierten Krankenhäusern in sichere Städte.

Vor der Semperoper: Sachsens König Johann reitet durchs Hochwasser.

Auch diese Bilder konnten noch gerettet werden.

Sandsäcke, vom Wasser geschluckt – der Zwinger überflutet.

Sächsische Schweiz

Das Haus ist weg. Bleiben hat hier, in Bad Schandau, keinen Sinn mehr.

Glashütte: Strandgut einer Sintflut.

Die Müglitz, ein kleiner Fluss, hat Weesenstein auseinandergerissen.

Haus in Weesenstein: Die Mauern hielten nicht Stand.

Der Bahnhof von Glashütte liegt in Trümmern.

Auf dem Pirnaer Sonnenstein errichtet die Bundeswehr eine Zeltstadt.

Männer vom Bundesgrenzschutz kämpfen in Pirna gegen die Flut.

Der nasse Kontinent

Drei Flüsse fluten Passau

Prag versinkt im Moldau-Schlamm

Europas alte Mauern wanken

Es sind die schlimmsten Überschwemmungen in Europa seit Jahrzehnten, die in den ersten Augusttagen des Jahres 2002 Südrussland, Rumänien, Bulgarien und Tschechien heimsuchen. Und der Wetterbericht bringt nur neues Unheil. Es soll weiter regnen, sintflutartig. Über dem Schwarzen Meer saugt sich ein Tiefdruckgebiet mit Nässe voll und verteilt sich über Europa. Überall hin. Die Schwarzmeerküste zählt zig Tote. In London wird das U-Bahn-Netz überschwemmt. Norditalien schwimmt davon. In der Schweiz rutscht die Erde von den Bergen.

In Österreich sind Städte und Dörfer von der Außenwelt abgeschnitten, Dämme gebrochen, ganze Landstriche unter Wasser. Der Wiener Hafen wird überflutet. Österreichs Bäche geraten außer Rand und Band, Österreichs Staatshaushalt auch. Um Geld für die Schadensbekämpfung zu haben, werden im Verteidigungshaushalt Kampfjets gestrichen.

Die Welt trifft sich in Salzburg. Es ist Festspielzeit. Doch „Jedermann" ertrinkt in der Salzach. Hugo von Hoffmannsthals Spiel vom Leben und Sterben des reichen Mannes Jedermann erlebt nicht viele Aufführungen vor der Kulisse des Domplatzes. Bald stehen in der Festspielstadt mehr als 1000 Gebäude unter Wasser. Katastrophenalarm.

Fast gleichzeitig wälzen sich Wassermassen den alten Städten in der Mitte des alten Kontinents entgegen. Die historische Altstadt von Prag ist bedroht, muss komplett evakuiert werden. Auch das ehemalige jüdische Viertel, in dem sich auch der historische jüdische Friedhof befindet, muss geräumt werden. Insgesamt fliehen allein in der tschechischen Hauptstadt etwa 40.000 Menschen aus ihren Häusern. Freiwillige schaufeln derweil Sand in Plastiksäcke, die um Denkmäler und historische Gebäude gestapelt werden. Doch manches alte Haus scheint nicht mehr rettbar. Während in Prag die Moldau wild gegen die Karlsbrücke brandet, wird etwa 100 Kilometer südlich eine Brücke aus dem 13. Jahrhundert über dem Fluss Wottawa weggespült. Auf der Elbe bei Decin sprengen tschechische Spezialisten Tankschiffe, die sich losgerissen haben. Das soll verhindern, dass die Schiffe Brücken einreißen.

Das Vorbild, nach dem die Prager Karlsbrücke erbaut ist, führt in Regensburg über die Donau. Bayerns älteste Stadt ist seit mehr als 850 Jahren stolz auf seine Steinerne Brücke. Jenes mehr als 300 Meter lange Wunderwerk mittelalterlicher Ingenieurskunst hat noch jedes Hochwasser überstanden. Doch was jetzt der größte Zufluss aus dem Bayerischen Wald an Wassermassen in Regensburg in die Donau münden lässt, wird gefährlich. Der Pegel an der Steinernen Brücke klettert auf 6,60 Meter und übertrifft die Marke jenes „Jahrhunderthochwassers" von 1988. Damals wie jetzt stehen Teile des mittelalterlichen Zentrums unter Wasser. Die Brücke hält, die Dämme halten, nach zwei Tagen ist die Flut vorbei.

Anders donauabwärts im niederbayerischen Passau. Die Stadt an der Grenze zu Österreich

Milliardenschäden in den Nachbarländern
Die Hochwasser in Mitteleuropa im August 2002 haben Schäden in Milliardenhöhe zurückgelassen. Der volkswirtschaftliche Schaden in Österreich liegt schätzungsweise bei drei Milliarden Euro und in Tschechien bei mehr als zwei Milliarden Euro. In Deutschland haben die Schäden in Bayern und Sachsen lange vor der endgültigen Bestandsaufnahme ebenfalls die Milliardengrenze gesprengt.

kämpft viele Tage und Nächte lang gegen die Flutung durch ihre drei Flüsse. Die Donau steht in Passau 10,80 Meter hoch. Eine ähnliche Katastrophe hat Passau zuletzt vor 50 Jahren erlebt.

Drei Flüsse, eine einzige Katastrophe, sagen die Passauer. Donau, Inn und Ilz haben die Uferpromenaden unter sich begraben und in der barocken Altstadt Keller, Wohnräume und Geschäfte geflutet. Auch in Passau ist man Hochwasser gewohnt. Doch so viel auf einmal – das will hier noch niemand erlebt haben.

Als in Bayern die Wasser ihre Scheitel erreichen, wälzt sich die Flut auf Dresden zu und von dort elbabwärts nach Norden ...

Prag, die Goldene Stadt, färbt sich schmutzig im Moldau-Schlamm.

Salzburg, die Festspielstadt, wird überflutet. „Amadeus", die Fähre, ertrinkt in der Salzach.

Letzter Fluchtpunkt im österreichischen Waldviertel: Das Wild sucht Obdach bei Menschen.

Die Donau steigt bis zu den Bögen der Steinernen Brücke in Regensburg.

Das niederbayerische Passau wird tagelang von drei Flüssen geflutet.

Wer kann, der schleppt. In Prag versucht man mit Sandsäcken die historische Altstadt zu retten.

Nahe dem tschechischen Decin sprengen Spezialisten in der Elbe treibende Tankschiffe. Die führerlosen Schiffe könnten sonst Brücken zerstören.

Banges Warten in Sachsen-Anhalt. Ein Sandsack-Deich soll Bitterfeld retten. Die ganze Stadt wurde evakuiert.

Die Chronik nennt viele „grausame Wasserfluthen“

Immer wieder werden Menschen von Hochwasser, Unwettern und anderen Katastrophen heimgesucht.

In Chemnitz wurden angesichts der Fluten vor allem bei den älteren Bürgern wieder Erinnerungen an ihre Kindheit und ihre Jugend wach. In den zurückliegenden 70 Jahren erlebte die Stadt zwei besonders schlimme Hochwasser – 1932 und 1954. Auch 1970 standenTeile der Innenstadt unter Wasser.

Vor 70 Jahren hatten die Chemnitzer prächtige weiße Weihnachten erlebt und der Schnee lag noch bis über den Jahreswechsel. Doch am Abend des 2. Januar 1932 änderte sich das Wetter abrupt: Schneeschmelze und anhaltender Landregen. Der Witterungswechsel erstreckte sich bis ins obere Erzgebirge. Der Pegel des Chemnitzflusses stieg binnen 24 Stunden um zwei Meter und erreichte am 4. Januar, 16 Uhr, mit 3,15 Metern den Höchststand. Die Folge waren meterhohe Überschwemmungen von Niederungen und Straßen in Harthau, Altchemnitz, Furth und Glösa. Zahlreiche Brücken, der Falkeplatz, aber auch ganze Straßenabschnitte, so die Annaberger Straße zwischen Becker- und Treffurth-Brücke und die Bornaer Straße, wurden gesperrt. Menschen kamen nicht zu Schaden. Das seit 1900 schlimmste Hochwasser in Chemnitz währte bis zum 4. Januar.

1954 erreichte die Chemnitz einen Pegelstand von 3,85 Metern. Diese Jahrhundertwelle floss mit 60 Stundenkilometern auf die Stadt zu. In den Auen zwischen Adorf und Neukirchen war die sonst so friedlich vor sich hin murmelnde Würschnitz über die Ufer getreten und auf sage und schreibe 400 Meter Breite angewachsen. In Harthau mussten Einwohner mit Booten aus ihren Häusern gerettet werden. In den Industriebetrieben entlang der Chemnitz liefen pausenlos die Pumpen. Der Fritz-Heckert-Platz (heute Falkeplatz) versank im herangespülten Schlamm, die Ernst-Thälmann-Straße (heute Reitbahnstraße) war nur mit Booten oder selbst gezimmerten Flößen passierbar, in der Feuerwache Schadestraße stand das Wasser 1,50 Meter hoch.

Aufschlussreich ist auch ein Blick in die Aufzeichnungen des bekannten Erzgebirgs-Chronisten Christian Lehmann aus Scheibenberg, der im 17. Jahrhundert wirkte. Für die Zeit zwischen 1511 bis 1692 gibt er ein Dutzend „grausame Wasserfluthen“ an, die durchaus nicht lokal begrenzt waren. „Anno 1661 hatte es im Julio biß zu desselben Ende 14 Tage lang hefftig geregnet und alle Bäche angeschwället. Den 2. Augusti aber fing es noch hefftiger an und fielen in Tag und Nacht 24 Güsse aufeinander davon die Bäche über ihre Ufer giengen und wuchssen den 3., 4., 5. Augusti von anhaltendem Regen und Donnerwetter, daß sie biß auf 6 Ellen hoch gestiegen und unbeschreiblichen Schaden gethan.“

Die Schäden betrafen damals das gesamte Erzgebirge, die sächsische wie die böhmische Seite. Wochenlang immer wiederkehrende Regenfälle reicherten damals wie heute das Erdreich wie einen Schwamm mit Wasser an. Danach folgten tagelang wolkenbruchartige Niederschläge, das Wasser schoss ungebremst zu Tal. Von Annaberg, Olbernhau, Raschau, Schneeberg, Rittersgrün, Schlettau, Geyer, Eibenstock und anderen Orten wird berichtet. Unter anderem lässt sich über Markersbach lesen: „Den 6. Aug. nach Mittag gieng der Regen so dicke nieder als wenn man mit Krügen gösse, und man hat gesehen 3 Wolcken als einen Nebel hinter einander übers Gebirge ziehen, und daß sie, wo sie an Bäumen und Bergen angestossen, zu lauter Wasser und Strömen werden. Wem dieser Nebel auf ebenen

Felde oder Höhen begegnet, hat er sie so begossen, daß die Leute vermeynten, sie müssen in der Lufft ersauffen."

Überflutete Schächte, fortgerissene Brücken, Mühlen und Wehre, zerstörte Hämmer brachten die Wirtschaft zum Erliegen. Von der Flöha wird berichtet: „... die hat erst die Churfürstl. Seiger-Hütte verschlemmet, darnach das Dorff Olbernhayn unter Wasser gesetzt und die Inwohner aus den Häusern gejagt: Ferner in Blumenau alle Brücken, Wehre und Flößholz wegeführt, Getreyde, Flachs und Kraut ausgewaschen, die Mühlen verderbt und daselbst 500 Schritte breit gestanden." Vielerorts faulte das Getreide auf den Feldern. Künftige Brotpreise ließen Hungersnöte vorausahnen.

So stürzten die Wassermassen die Menschen in größte Not und Gefahr. Oftmals kamen in den Fluten viele ums Leben. Nicht so in jenem Unglücksjahr 1661. Zwei Menschenleben waren zu beklagen. Lehmann hat dafür die Begründung: „Den 4., 5., 6. und 7. Aug. war das ganze Gebirge reg und wachsam, sonst wären viele Menschen ersoffen."

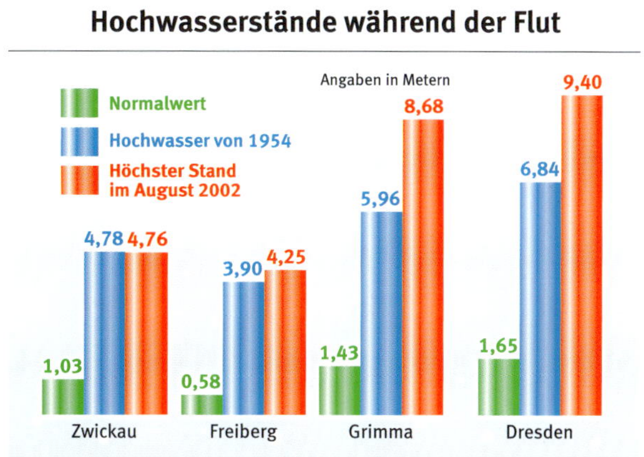

1954 in Plaue bei Flöha. Auch damals gehörte die Region – wie 2002 – zu den am stärksten vom Hochwasser betroffenen Gebieten.

Chemnitz 1954: Die Feuerwache in der Schadestraße steht anderthalb Meter unter Wasser.

Das Hochwasser reicht bis zum Brühl.

Spuren der Verwüstung auch auf dem Fritz-Heckert-Platz (Falkeplatz). Die Menschen waten im Schlamm.

Am 14. Juli 1954 beginnen die Menschen mit den Aufräumarbeiten am Fritz-Heckert-Platz.

Am 13. Juli 1954
in Harthau.

Aufräumen
in Klaffenbach.

Autoren

Johannes Fischer, Eva Prase, Dieter Soika, Dagmar Ruscheinsky und Mario Ulbrich.

Unter Verwendung der Beiträge und Informationen von Kerstin Blossey, Martina Brandenburg, Michael Brandenburg, Jens Eumann, Claudia Hanisch, Christof Heyden, Annett Honscha, Steffen Jankowski, Bettina Junge, Helga Kaden, Hubert Kemper, Torsten Kohlschein, Uwe Kuhr, Mandy Langhof, Udo Lindner, Andreas Luksch, Katja Macher, Beate Matuschek, Gudrun Müller, Frank Nestler, Angelika Neumann, Rainer Räch, Astrid Ring, Samira Sachse, Ute Schwichtenberg, Uwe Selbmann, Thomas Wittig.

Bildredaktion: Ulf Dahl

Grafik: Ariane Bühner

Wir danken den Agenturen AP, ddp, Keystone Pressedienst, Reuters und Zentralbild für ihre freundliche Unterstützung.

Bildnachweis (Seiten)

Falk Bernhardt 78
Ramona Bothe-Christl 49 o.
Ulf Dahl 53, 97, 14 o., 25, 56, 71 u., 73 o., 73 l., 90 o., 96 u.
Klaus Ebert 79 o.
Wolfgang Ebert 17 u.
Wolfgang Freund 62, 64
Sven Gleisberg 49 u. l.
Mario Hösel 29, 31, 43 o. l., 43 u., 44, 57, 61, 76 u., 77 o. l., o. r., u. l.
Andreas Judefeind 8, 28, 32 – 34, 36 u., 55, 72, 73 r.
Hubert Kemper 66
Andreas Kretschel 9 o., 13, 18, 20, 21, 22, 46 l., 46 u. l., 47 u., 68, 85 o. l., 86 o., 86 u.
Ellen Liebner 19 o.
Franko Martin 85 u., 86 M.
Eckardt Mildner Rücktitel, 60
Detlev Müller 43 o. r., 59, 75, 76 o.
Markus Müller Titel, 36 o., 37, 38, 63, 81, 82, 83
Lars Rosenkranz 19 u., 27, 39, 40, 41, 42, 84
Ronny Schilder 71 o.
Hendrik Schmidt 79 u., 80 o., 80 l.
Wolfgang Schmidt 17 o., 26 o., 89 l., 91 r.
Volker Schwarze 77 u. r.
Brigitte Streek 7, 23, 35, 80 u. r.
Wiegand Sturm 45, 46 o. r., 47 o., 74 u., 85 M.
Andreas Seidel 14 u., 48, 49 u. r., 50, 74 o.
Andreas Tannert 9 u.
Andreas Wetzel 15 u.

Freie Presse Archiv 105-108
AP 15 o., 67, 88 M., u., 89 r., 91 o., 99, 100 u., 101 u., 102 u.
ddp 12, 24, 26 u., 52 o., 87, 88 o., 91 l., 92, 93 u. l., 94 o., 95 u. l., u. r., 96 o. 101 o., 110
Keystone Pressedienst 52 u.
Reuters 90 u., 93 o., 93 r., 100 o., 102 o., 103
Zentralbild 16, 51, 69, 94 u., 95 o.

Döbeln packt an:
Das Aufräumen beginnt.